희망을 건져 올려라

희망을 건져 올려라

1판 1쇄 인쇄 ┃ 2016년 5월 20일
1판 1쇄 발행 ┃ 2016년 5월 27일

지은이 ┃ 임용택

발행인 ┃ 이성현
책임 편집 ┃ 전상수
디자인 ┃ 드림스타트
일러스트 ┃ 최승협

펴낸곳 ┃ 도서출판 두리반
주소 ┃ 서울특별시 종로구 사직로 8길 34(내수동 72번지) 1104호
편집부 ┃ TEL 02-737-4742 / FAX 02-462-4742
이메일 ┃ duriban94@gmail.com
등록 ┃ 2012. 07. 04 / 제 300-2012-133호

ISBN 978-89-969287-4-4

※ 책값은 뒤표지에 있습니다.

희망을 건져 올려라

임용택 지음

두리반

희망을 건져 올리는 두레박

고등학교 시절 가정 형편이 무척 어려웠습니다. 요즘은 원룸이란 그럴 듯한 표현을 쓰는 단칸 셋방에 다섯 식구가 살았습니다. 어머니는 자궁암 말기였고 아버지는 사업에 실패하고 빚쟁이에게 늘 쫓겨 다니는 신세였습니다. 등록금공납금을 제때 내본 적이 없었습니다. 등록금 낼 때마다 교무실로 불려가는 수모를 당했습니다. 희망이 보이지 않았습니다.

고등학교 1학년 어느 날, 믿는 친구들과 밤샘기도를 할 때였습니다. 지금은 장로교 목사가 된 친구가 자신이 은혜 받은 말씀을 읽어주었습니다. 하박국 3장 17~18절이었습니다.

"비록 무화과나무가 무성하지 못하며 포도나무에 열매가 없으며 감람나무에 소출이 없으며 밭에 먹을 것이 없으며 우리에 양이 없으며 외양간에 소가 없을지라도 나는 여호와로 말미암아 즐거워하며 나의 구원의 하나님으로 말미암아 기뻐하리로다."

말씀을 듣는 순간 모든 것이 없을지라도 여호와 하나님이 계시면 기뻐할 수 있다는 희망이 생겼습니다. 우리 가정을 지배하던 질병과 물질의 고통은 아무 문제가 되지 않았습니다. 내게 하나님이 계시면 물질이 없어도, 건강이 없어도 감사할 수 있다는 믿음이 생겼습니다. 하나님만 계시면 죽어도 영생의 희망이 있다는 믿음이 생겼습니다. 하나님의 말씀이 살아 움직이면서 내 마음판과 온몸에 새겨지는 것 같았습니다. 그리고 마음에 희망이 샘솟았습니다. 평생의 모토가 생겼습니다. '그럼에도 불구하고.'

하박국 선지자는 오늘날에 견주면 의식주가 완전히 결핍된 절대적 무無의 상황 속에서도 즐거워하고 기뻐했습니다. 하나님을 믿기 때문입니다. 희망이 생겼기 때문입니다. 하나님의 말씀은 상황을 초월하여 희망을 주는 메시지이며 희망을 건져 올리는 두레박입니다. 어두운 밤에 빛나는 희망의 별빛입니다. 하나님은 어려운 시대마다 희망을 전달하는 사람을 보내셨습니다. 모세를 보내서서 이스라엘을 구원하셨고, 예수 그리스도를 보내주셔서 온 인류가 구원받을 수 있는 길을 열어놓으셨습니다. 예수는 온 인류의 희망이십니다. 저는 이 희망을 나누고 싶었습니다.

책이 나오기까지 수고해주신 모든 분들에게 감사드립니다. 정성을 다해 책을 만들어주신 두리반 출판사 이성현 대표에게 감사드립니다. 후배를 사랑하는 마음으로 추천의 글을 써주신 유기성 목사님과 김병삼 목사님께도 감사드립니다. 말기 암을 극복하고 아들을 위해 지금도 기도해주시는 내 어머니, 채정숙 사모님께 감사드립니다. 사위가 신실한 메신저가 되도록 기도와 격려를 아끼지 않으시는 아버님, 조동일 장로님께 감사드립니다. 내게 늘 희망을 주는 아들 동원이와 딸 희진이에게 감사하고, 언제나 나와 함께 아파하고, 기뻐하면서 희망의 미소를 보내주는 아름다운 아내 조성은에게 감사합니다. 그리고 말씀을 전할 때마다 사랑으로 반응해주시는 안양교회 성도들께 진심으로 감사드립니다. 모든 영광을 하나님께 돌립니다.

임용택

다리가 되고 싶어 하는 목사

임용택 목사님은 참 신실한 분으로 생각이 깊고 교인들을 잘 목양하고자 하는 갈망과 사명감이 특별한 분입니다. 목회뿐 아니라 NGO 단체를 만들어 활동하는 일이나 방송 진행 등 다양하고 폭넓은 활동으로 다음 세대들과 후배 목회자들에게 영향력이 큰 목사님이십니다. 목사님과 24시간 예수님을 바라보려는 제 안의 갈망에 대하여 대화를 나누면서 목사님께도 동일한 갈망이 있음을 알았습니다.

이번에 《희망을 건져 올려라》라는 책을 내셨습니다. 목사님을 만나는 이들마다 유난히 다정한 성품에 감동합니다. 그런데 이 책을 읽고서 목사님의 어린 시절의 어려움과 크고 작은 시련이 많았음을 알았습니다. 그런데도 어떻게 그런 성품이 가능했을까? 목사님의 생애를 완전히 바꾸어놓으신 주님 때문임을 알게 되었습니다. 그래서 더 감동이 되었습니다.

이 책은 마치 성경 한 권을 다 읽은 듯한 감동을 줍니다. 하나님의 창조와 이스라엘의 출애굽 사건, 예수 그리스도의 탄생, 그리고 생애와 교훈, 교회로 이어지는 전개는 너무나 정교하면서도 그 자체로도 영감이 있는 메시지입니다.

성경의 모든 주제를 다 다루지 않았지만 반드시 다루어야 할 주제들을 꼭 짚어낸 안목이 놀라웠습니다. 한 편, 한 편의 이야기는 철저히 성경 본문에 근거하면서도 깊은 성경 연구에서 나온 통찰력, 사람과 세상에 대한 애정 어린 안목, 적절한 예증, 그리고 우리의 삶에 구체적인 적용이 뛰어난 말씀으로 하나하나에 깊은 은혜가 있습니다.

목사님은 '다리가 되고 싶다'고 하셨는데, 이 책은 낙심과 좌절, 한계 상황에서 고통스러워하는 이들에게 어떻게 하나님을 바라보며 믿음으로 살아갈 것인지에 대한 영적 나침반이 되어주고 있습니다.

하나님에 대하여는 많이 듣고 배웠지만 실제 하나님과의 관계에 대하여는 배우지 못한 사람들은 이 책을 통하여 큰 도움을 받게 될 것입니다.

유기성 목사(선한목자교회)

옳은 마음으로 펼치는 믿음의 이야기

요즘 예수님의 열두 제자 시리즈 설교를 준비하면서 예수님의 제자 한 사람 한 사람의 이야기를 묵상하며 깨닫게 된 것이 있습니다. 주님께서 이 땅 위에 이루기 원하셨던 하나님의 나라는, '사람의 마음과 열정'을 바꾸는 일을 통해 만들어지는 나라라는 것입니다. 그래서 예수님은 우리의 삶을 바꾸고 열정을 바꾸는 일을 하셨습니다. 우리가 오늘 하나님 앞에 옳은 마음을 가지고 있다면, 어떤 일을 하든 주저하지 말아야 합니다. 그러한 인생은 언제 어디서든지 옳은 마음과 옳은 열정으로 살기 때문입니다. 믿음의 이야기는 옳은 마음을 가지고 어느 곳에라도 갈 수 있었던 사람들의 이야기가 아닐까요?

여기 옳은 마음을 가지고 믿음의 이야기를 펼쳐 보이는 임용택 목사의 신간,《희망을 건져 올려라》를 소개합니다. "그럼에도 불구하고"라는 평생 모토를 가지고 안양교회를 섬기며 달려온 임용택 목사는 제가 아끼는 후배이자 믿음의 경주를 함께 달려온 동역자입니다.

"하나님을 예배하는 사람이 하나님의 백성이 될 수 있습니다.""하나님의 섭리 가운데 훈련된 사람이 이 시대의 희망입니다.""깊이 기도하면 우리 마음속의 두려움, 괴로움, 불안, 분심이 사라집니다. 그리고 하나님을 향한 마음, 향심이 생깁니다." "우리는 오늘도 하나님의 은혜로 살고 있습니다. 한 순간이라도 하나님 은혜 없이는 살 수 없는 연약한 인생입니다." "믿음의 사람은 순종하고 기다릴 줄 아는 사람입니다. 하나님의 역사는 믿음의 사람, 순종의 사람을 통하여 나타납니다." "우리도 예수님처럼 생명을 살리는 일에 관심을 가져야 합니다." "삶과 죽음엔 하나님의 섭리가 있습니다." "복음을 전할 때, 사람들이 변합니다."

이 책은 위와 같이 창세기의 천지창조, 출애굽기의 출애굽 여정, 마태복음의 예수 탄생, 요한복음에 나타난 예수님 말씀, 사도행전의 복음 전파의 말씀을 토대로 처음부터 끝까지 믿음의 여정을 어떻게 일구어나가야 하는지 섬세하게 알려주고 있습니다. 개인으로서 맺어야 하는 하나님과의 관계부터 시작하여 한국 교회가 나아가야 할 방향 또한 제시하고 있습니다. 본인의 진솔한 이야기와 다양한 예화를 통해 길이요, 진리요, 생명이신 예수님과 동행하는 삶이 어떤 의미인지 알려주며 체계적이고 다양한 지침들을 제시하여 흐트러져 있던 생각들을 정리해주고 있습니다.

자신을 드러내며 높은 성을 쌓아 사람들의 환호를 받기보다는 자신을 희생하며 겸손하게 서로 소통하여 살 희망을 열어주는 다리가 되고 싶어 하는 지은이는 "내가 아니라 오직 그분이 드러났으면 좋겠습니다"로 책을 마무리합니다. "서로를 연결하여 소통하는 다리"라는 표현이 듣기만 해도 기분이 좋다고 이야기하는 임용택 목사의 말을 공감하면서 이 책을 추천합니다.

김병삼 목사(만나교회)

차례

1

태초에 하나님이
천지를 창조하시니라

하나님이 창조하신 세상

세상을 창조하신 분, 우리를 창조하신 분 _창 1:1~2

"태초에 하나님이 천지를 창조하시니라 땅이 혼돈하고 공허하며 흑암이 깊음 위에 있고 하나님의 영은 수면 위에 운행하시니라" _창 1:1~2

▎하나님이 창조하신 세상

책의 첫 페이지, 첫 문장에는 많은 것이 담겨 있습니다. 우리는 첫 문장을 읽으며 앞으로 나누게 될 이야기들과 처음 대면합니다. 머릿속으로 전개될 내용을 그려보고 기대하며 상대방의 이야기에 귀 기울일 준비를 합니다. 그러므로 첫 문장은 기대와 설렘의 출발입니다.

성경 66권의 첫 문장은 이렇게 시작됩니다. "태초에 하나님이 천지를 창조하시니라"(창 1:1). 하나님이 세상을 창조하셨다는 신앙고백은 기독교 신앙의 기초입니다. 기초가 튼튼해야 건물이 튼튼합니다. 창세기 1장 1절 말씀은 모든 것의 기초가 되는 가장 중요한 신앙고백입니다. 이것을 진실로 믿는 사람은 성경에 나오는 모든 내용을 믿음으로 받아들일 수 있습니다. 세상을 만드신 하나님께 불가능한 일이 있을까요? 없는 것을 존재하게 하시는 하나님은 죽은 자도 살리실 수 있습니다. 풍랑을 잔잔케 하고 태양을 멈추는 일도 하실 수 있습니다. 인간에게는 기적인 것이 창조주 하나님께는 상식인 것입니다.

하나님이 세상을 창조하셨다는 믿음이 없다면 하나님이 이 세상의 주인이란 사실도 믿을 수 없습니다. 그리고 우리를 구원하기 위해 아들 예수 그리스도를 보내셨다는 사실도 믿을 수 없습니다. 결국 창조주 하나님에 대한 믿음 없이는 지금도 살아 계셔서 일하시는 하나님의 존재도, 그분의 역사도 믿을 수 없는 것입니다.

17~18세기, 계몽주의 시대 이신론자들deist은 하나님과 성경을 오직 이성적인 잣대로 연구하고 판단했습니다. 그들은 하나님을 '시계 만드는 사람watch-maker'에 비유했습니다. 완성된 시계가 기술자의 관여 없이도 알아서 잘 돌아가듯, 하나님이 만드신 세상도 하나님이 더 이상 관여할 필요가 없다는 것이었습니다. 그러므로 군이 하나님을 의지할 필요가 없다는 이신론자들의 주장은 강력한 무신론이었습니다.

정말 과학적이고 이성적인 시각만으로 성경을 다 이해할 수 있을까요? 성경은 비과학적이거나 비이성적인 책이 아닙니다. 초과학적이고 초이성적인 말씀입니다. 성경은 '왜?'라는 진지한 물음에서 출발해야 합니다. 하나님은 왜 세상을 창조하셨을까? 왜 노아에게 방주를 지으라고 하셨을까? 왜 예수님을 이 땅에 보내셨을까?

성경은 우리의 구원을 위해 기록된 말씀입니다. '어떻게?'라는 물음에 마음을 빼앗기면 정작 중요한 물음을 잊어버리게 됩니다. '왜?'라는 물음 앞에 '어떻게?'라는 물음도 자연스레 답을 얻게 될 것입니다. 그렇기 때문에 믿음의 눈이 지적인 눈보다 먼저여야 하는 것입니다.

오스왈드 챔버스Oswald Chambers, 1874~1917는 《창세기 강해》에서 "성경은 논쟁을 하거나 따지지 않고 계시된 사건들을 언급할 뿐이다. 계시된 사건들을 이해하려면 우리에게 지적 호기심이 아니라 믿음으로 인한 하나님과의 관계가 있어야 한다. 성경의 진리에 대한 깨달음은 성령에 의해 허락된다. 따라서 성경의 진리들을 알기 위해서는 성령의 조명하심이 중요하다"라고 말했습니다. 믿음의 눈으로, 성령의 조명하심에 따라 하나님이 창조하신 세상을 바라보아야 합니다.

성경의 첫 구절에는 중요한 화두가 하나 더 있습니다. "그렇다면 나는 어떻게 살아야 하는가?" 하나님의 창조 이야기를 마주하며 우리는 내내 이런 질문을 던지게 될 것입니다. 하나님이 창조하신 처음 세상은 더불어 큰 숲이었습니다. 성부, 성자, 성령 삼위일체 하나님께서 함께 이 세상을 창조하셨습니다. 남녀가 가정을 이루어 함께 살도록 하셨고, 사람과 동식물이 더불어 살도록 창조하셨습니다. 온 우주만물이 자신의 존재 가치를 자각하며 저마다 자기 자리를 지키도록 창조하셨습니다. 서로 다른 피조물들이 조화와 질서를 이루며 더불어 살아가도록 창조하셨습니다. 우리는 하나님이 창조하신 세상을 대하며 피조물들의 가치와 삶의 순리들을 배웁니다. 이유 없는 존재가 없고, 이유 없는 삶이 없음을 배웁니다. 혼자 사는 세상이 아니라 더불어 사는 세상, 너와 내가 함께이기에 풍성한 세상을 꿈꾸게 됩니다.

▌ 세상의 시작을 알리는 책, 창세기

창세기genesis 기원, 발생는 이름 그대로 '시작의 책'입니다. 창세기는 우주의 시작, 생명의 시작, 인간의 시작, 안식일의 시작, 결혼가정의 시작, 죄의 시작, 언어의 시작, 정부의 시작, 문명의 시작, 민족의 시작을 알려줍니다. 모든 것의 시작을 보여줌으로써 우리가 회복해야 할 원형을 제시합니다. 시작을 알고 순리를 아는 일은 중요합니다. 시작을 알아야 나아갈 방향을 알 수 있고, 끝을 알 수 있기 때문입니다.

창세기는 크게 창조 시대(1~11장)와 족장 시대(12~50장)로 나뉩니다. 창조 시대는 정확한 연대기를 알 수 없기 때문에 선역사先歷史라고도 불립니다. 역사 이전의 기록이라는 것입니다. 사람들은 세상이 언제 창조되었는지 궁금해합니다. 구약 성경의 기록에 따라, 과학적인 가설에 따라 다양한 견해들이 있지만 우리는 '태초에'라는 말 자체가 지닌 의미가 무엇인지에 집중해야 합니다. 성경은 정확한 시점을 명시하지 않았습니다. 그저 '태초에'라고 표현하고 있을 뿐입니다. 언제 창조되었느냐보다 누가 창조했느냐, 어떤 의미가 담겨 있느냐에 훨씬 큰 관심을 갖고 있습니다.

▎하나님의 창조

하나님이

"태초에 하나님이 천지를 창조하셨다"는 말씀은 신앙고백입니다. 또한 찬양이요, 선포입니다. 세상은 하나님의 창조로 시작되었다고 선포하는 것입니다. 여기서 주어는 하나님입니다. 성경에서 가장 먼저 나오는 주어입니다. 하나님이 세상을 창조하셨고, 하나님이 세상의 주인이십니다. 세상의 시작과 모든 역사의 주체는 바로 하나님이십니다.

하나님의 이름은 히브리어로 '엘로힘'입니다. 엘로힘 하나님은 우주를 창조하신 능력의 하나님이십니다. 이 세상에 우연한 존재는 없습니다. 모두 하나님의 섭리 가운데 창조되었습니다. 하나님이 창조하셨기 때문에 하나님과 관계가 있습니다. 세상 모든 것이 하나님의 작품입니다. 하나님은 피조물 하나하나에 모두 관심을 가지시며, 큰 계획을 갖고 계십니다. 가장 선하고 아름다운 모습으로 창조하셨습니다. 또한 하나님은 세상의 주인이시기 때문에 소유권과 처분권을 가지고 계십니다. 인생의 생사화복이 모두 전능하신 하나님 손에 있습니다.

태초에

하나님은 '태초에In the beginning' 천지를 창조하셨습니다.

'태초에'라는 말은 시간의 처음을 의미합니다. 많은 분들이 도대체 하나님은 언제부터 존재한 분이냐고 묻습니다. 하나님은 이 세상이 창조되기 이전부터 계셨습니다. 시간 이전에 계신 분께는 '언제부터' 존재했느냐는 물음 자체가 성립되지 않습니다. 다만 하나님은 영원 전부터 영원 후까지 계신 분이라고 할 수 있을 뿐입니다.

아주 오래전부터 사람들은 이 세상이 어떻게 시작되었는지 몹시 궁금해했습니다. 바벨론에는 신이 죽어서 그 몸이 산이 되고 피가 바다를 이루었다는 신화들이 전해졌습니다. 산이나 바다나 자연 만물에 신성이 깃들어 있다고 생각하니 절도 하고 소원도 빌게 되었습니다. 신화로부터 미신적인 사고가 나오고, 기복적이거나 두려움에 기반한 신앙 형태들이 생겨났습니다. 하지만 과학이 발달하면서 사람들은 우주의 생성 과정에 대한 일련의 지식들에 관심을 갖게 되었습니다. 수십억 년이 지나는 동안 우주에 있었던 여러 차례의 폭발을 통해 우연히 우주가 만들어졌다는 것입니다. 이것을 소위 빅뱅 이론Big Bang Theory이라고 합니다. 그런데 과학적 이론도 추측에 불과합니다. '우연히' 우주가 생겼다는 것 역시 엄밀히 말해 과학적이라고 볼 수 없습니다.

성경은 어떤 이론을 말하고 있지 않습니다. 성경은 태초에 하나님이 천지를 창조하셨다고 선언하고 있습니다. 천지만물은 결코 신의 일부나 변형이 아닙니다. 우리는 창조된 세상을 두려워할 필요도, 그것을 섬기거나 예배할 이유도 없습니다.

천지를 창조하셨다

태초에 하나님은 말씀으로 천지를 창조하셨습니다. 천지는 단순히 하늘과 땅이 아니라 온 우주를 한마디로 표현하는 공식입니다. 히브리어로 보면 그 하늘과 그 땅입니다. 히브리어 어법으로 보면 하늘과 땅은 우주 전체를 나타냅니다. 즉, 태초에 하나님께서 인간을 포함한 '모든 것'을 창조하셨다는 의미입니다.

창세기 1장 1절을 이해하는 데 있어서 주목해야 할 단어가 있습니다. '창조하다'라는 단어는 히브리어로 '바라'라고 합니다. 이것은 창세기 1장에 여러 번 나옵니다(1:1, 1:21, 1:27에 3회). 이 동사는 하나님만 사용할 수 있습니다. 이것은 어떤 재료를 가지고 무엇을 만드는 작업을 가리키는 말이 아닙니다. 만들다, 짓다, 공작하다는 말과 다릅니다. 하나님이 세상을 창조한다는 말은 무엇을 가지고 세상을 지었다는 뜻이 아닙니다. 하나님의 창조는 없는 데서 있는 것을 만드신 창조입니다. 무로부터의 창조creatio ex nihilo, 아우구스티누스를 말합니다. 하나님의 창조는 우연이 아닙니다. 존재하는 모든 것

에 하나님의 뜻과 목적이 있습니다. 하나님이 우리 인간을 창조하신 목적도 있습니다. 우리는 하나님의 영광을 위해 창조되었습니다 (사43:7). 자신의 영광과 행복을 위해서 만들어진 것이 아니라 하나님의 영광을 위해서 창조되었습니다. 하나님은 우리를 하나님의 영광을 위해 살 때 행복하도록 창조하셨습니다.

▌최초의 상태

창세기 1장 2절에 보면 천지창조 이전의 모습이 나옵니다.

"땅이 혼돈하고 공허하며 흑암이 깊음 위에 있고 하나님의 영은 수면 위에 운행하시니라." 이것은 어두움의 심연이 마치 원시 바다의 모습처럼 가득한 장면을 연상케 합니다. 이 말씀은 결코 사람이 보고 쓴 것은 아닙니다. 하나님이 보신 것을 이후 계시로 알려주신 것입니다.

땅이 혼돈하고 공허하며

땅이 혼돈하고 공허하다는 것은 땅이 아직 어떤 형태를 갖기 이전 상태를 묘사하는 것입니다. 사실 이때는 땅 자체가 없었습니다. 아무 모양도 없고, 생명도 없는 거칠고 메마른 상태입니다. 질서도 없고, 짜임새도 없는 상태, 게다가 흑암이 깊게 짓누르고 있는 상태입니다. 하나님이 우주를 만들기 전에는 아무 형체도 없었고, 생명체도 없었고, 빛도 소리도 없었습니다. 이처럼 세상이 창조되기 이전 상태를 카오스chaos라고 하는데 무질서와 혼돈의 상태를 의미합니다. 반대말은 코스모스로 하나님이 창조하신 우주의 질서를 의미합니다. 하나님은 카오스에서 코스모스를 창조하셨습니다.

하나님의 영이 수면 위에 운행하시니라

땅이 혼돈하고 공허한 가운데 하나님의 영이 수면 위에 운행하셨다고 했습니다.

무질서 상태의 우주에 하나님의 영이 운행하시면서 변화가 시작되었습니다. 하나님은 혼돈과 공허의 세상을 질서정연한 세상으로 바꿀 준비를 하고 계셨습니다. 창조를 통해 혼돈이 질서로 바뀌었습니다. 하나님께서 하신 것입니다.

여기에서 우리는 삼위일체 하나님께서 '함께', '더불어' 일하셨음을 주목해야 합니다. 성부 하나님은 말씀으로 세상을 창조하셨습니다. 말씀은 로고스Logos, 즉 성자 예수 그리스도를 말합니다. 그리고 하나님의 영, 성령 하나님께서 수면 위에 운행하시면서 우주 창조를 준비하고 있습니다. 성부 하나님과 성자 예수님, 성령 하나님이 함께, 더불어 일하신 것입니다.

질서와 조화를 이루었던 하나님의 창조는 피조물인 인간의 죄로 인해 다시금 혼돈과 흑암의 상태가 되었습니다. 온갖 부정부패, 타락과 방종, 폭력과 전쟁, 무질서와 오염이 세상에 만연합니다. 창조 세계의 청지기인 인간들이 원초적인 인간, 참인간인 하나님의 형상을 회복할 때 이 세상 역시도 처음 모습을 회복하게 될 것이며, 하나님이 창조하신 세상이 아름답게 보존될 수 있습니다. 그때 인간은 지금도 살아 계셔서 이 세상을 재창조하고 계시는 하나님의 참된 동역자가 될 수 있습니다. 영어로 '산다'는 말을 Live라고 합니다. 참 좋은 말입니다. 우주의 질서가 담긴 말입니다. 그런데 묘하게도 이 단어의 철자를 뒤집으면 Evil이 됩니다. 악이란 뜻입니다. 악은 죽이는 흐름입니다. 참인간이 되면 살리는Live 일을 하고, 살리는 흐름에 동참하게 됩니다. 그러나 하나님의 형상을 회복하는 참인간이 되지 못하면 자신도 모르는 사이에 죽이는 편에 서는 악Evil이 됩니다. 우리는 하나님의 영이 지배하는 참인간이 되어야 합니다. 하나님의 형상을 회복해야 합니다.

▌태초에 하나님이 천지를 창조하시니라

이를 위해서는 "태초에 하나님이 천지를 창조하셨다"는 분명한 고백이 있어야 합니다.

하나님께서 세상 모든 것과 인간을 창조하셨다는 신앙고백이 반드시 있어야 합니다. 세상과 인간의 출발점은 하나님이십니다. 시작을 알아야 나아갈 방향도 아는 것입니다. 하나님이 온 우주 만물의 주인이심을 알아야 합니다. 나 자신도 내 것이 아닙니다. 하나님의 것입니다.

극동방송에서 〈하나되게 하소서〉라는 프로그램을 진행하면서 윤형주 장로님을 모신 적이 있습니다. 윤형주 장로님은 내 목소리는 내 것이란 생각으로 살았다고 합니다. 그래서 초청을 받으면 개런티가 얼마고, 관객이 어느 정도고, 몇 곡을 부르고 등을 먼저 따졌다는 것입니다. 모태신앙이었음에도 불구하고 자기 목소리의 주인이 하나님이신 줄 몰랐다고 합니다. 그런데 이를 깨닫게 된 한 가지 사건이 있었습니다.

윤 장로님이 유치원생이었을 때 일입니다. 많이 편찮으셨던 어머니가 10개월간 누워 계시다가 교회에 가셨습니다. 예배 도중 목사님은 윤 장로님의 어머니에게 힘들겠지만 찬송을 한 곡 불러주십사 부탁했습니다. 윤 장로님의 어머니는 성가대에서 솔로로 찬양을 했던 분이었습니다. 주저하던 어머니는 〈고통의 멍에 벗으려고〉를 찬양했습니다. 그날 이후 어머니의 건강은 놀랍도록 회복되었고 그때부터 그 찬송은 윤 장로님에게 특별한 의미의 찬송이 되었다고 합니다.

시간이 흘러 1982년, 35세에 첫 찬양 음반을 만들게 되었습니다. 음반에 넣을 찬양들을 부르기 시작했는데, 유독 이 찬송만 잘 불러지지 않아 앨범에서 빼려고 했습니다. 하지만 다른 사람들은 괜찮다면서 넣자고 했고, 한 곡 때문에 제작을 미룰 수 없어서 제일 마지막에 넣기로 했습니다. 그리고 4년 뒤, 1986년 미국 LA에 집회를 갔다가 어떤 분으로부터 놀라운 간증을 듣게 되었습니다. 그분은 큰 꿈을 품고 미국에 왔지만 사업에 망하고 사기까지 당해 재산을 다 날렸습니다. 부인과 다투고 아이들도 탈선하여 가정이 붕괴될 지경에 이르자 자살을 결심하게 되었습니다. 교통사고를 가장하여 자살하려고 날짜도 정해놓았습니다. 계획을 실행하려 고속도로로 차를 몰고 가면서 동창생이 들어보라고 주었던 윤 장로님의 찬송을 우연히 듣게 되었습니다. 마지막 곡인 〈고통의 멍에 벗으려고〉 4절을 듣는데, 그 순간 망치로 내리치듯 정신이 번쩍 들었습니다.

죽음의 길을 벗어나서 예수께로 나갑니다.
영원한 집을 바라보고 주께로 갑니다.
멸망의 포구 헤어나와 평화의 나라 다다라서
영광의 주를 뵈오려고 주께로 갑니다.

그분은 차를 길가에 세우고 펑펑 울었습니다. 그리고 살기로 다
짐했습니다. "그 곡이 없었다면 자신은 죽었을 것"이라는 간증에
윤 장로님 역시 망치로 머리를 맞은 기분이었다고 합니다. 자신이
불러놓고도 잘 듣지 않았던 찬송이었고, 마음에 들지 않아 빼려고
했던 그 곡 때문에 자살하려던 사람이 살았습니다. 그때 윤형주 장
로님은 깨닫게 되었답니다. 내 목소리, 내 찬양은 내 것이 아니라
고. 하나님께서 내 목소리를 지으시고 사용하신 것이라고.

이 세상도, 우리도 하나님이 창조하셨습니다. 하나님은 알파와
오메가, 시작과 끝입니다. 하나님에게 세상의 소유권과 처분권이
다 있습니다. 그렇기 때문에 우리는 하나님 앞에 겸손해야 합니다.
이것이 우리가 하나님께 순종하며 살아가는 이유입니다.
오늘도 살아 계셔서 이 세상을, 그 안에 살아가는 우리를 재창조
하고 계신 하나님은 이 세상을 조화롭고 선한, 처음 모습대로 회복
시키기 위해 일하고 계십니다. 우리는 하나님께 모든 주권을 위임
하고 하나님의 형상을 회복한 참사람으로 살아가야 합니다.

하나님이 만드신 아름다운 세상 _창 1:3~23

"하나님이 이르시되 빛이 있으라 하시니 빛이 있었고 빛이 하나님이 보시기에 좋았더라 하나님이 빛과 어둠을 나누사 하나님이 빛을 낮이라 부르시고 어둠을 밤이라 부르시니라 저녁이 되고 아침이 되니 이는 첫째 날이니라"_창 1:3~5

❙ 보시기에 좋았더라

하나님이 창조하신 세상은 아름다운 세상입니다.

하나님은 첫째 날부터 당신이 창조하신 세상을 바라보면서 '좋다'고 말씀하셨습니다. 히브리어로 '토브ュ冋'입니다. 선하다, 아름답다, 좋다는 의미입니다. 창세기 1장에 일곱 번 나옵니다. 여기서 하나님은 작품을 만드시고 흐뭇해하는 예술가의 모습을 연상케 합니다. 아담과 하와가 범죄하기 전 에덴동산은 토브의 세상입니다. 하나님이 감탄할 만한 세상입니다. 보기에 좋고, 살기에 좋고, 느끼

기에 좋고, 먹기에 좋고, 모든 것이 좋은 세상이었습니다. 그래서 우리는 노래합니다.

참 아름다워라. 주님의 세계는
저 솔로몬의 옷보다 더 고운 백합화.
주 찬송하는 듯 저 맑은 새소리
내 아버지의 지으신 그 솜씨 깊도다.

참 아름다워라. 주님의 세계는
저 아침 해와 저녁놀 밤하늘 빛난 별
망망한 바다와 늘 푸른 봉우리
다 주 하나님의 영광을 잘 드러내도다.

하나님의 영광을 잘 드러내는 세상이 참 아름다운 세상입니다. 하나님 보시기에 좋은 세상입니다. 외적으로나 내적으로 모든 것이 충만한 '샬롬'의 세상입니다.

▎창조의 질서와 체계

하나님은 세상을 질서 있게 체계적으로 창조하셨습니다. 하나님은 첫째 날, 둘째 날, 셋째 날에 창조 세계에 공간을 만드셨습니다. 그리고 넷째 날부터 여섯째 날까지 그 공간마다 피조물을 만들어 풍성하게 채우셨습니다. 처음 3일은 빛, 궁창하늘, 땅과 바다 그리고 식물을 창조하시고, 다음 3일은 해와 달과 별들, 새와 물고기, 동물과 인간을 창조하셨습니다. 처음 3일 동안은 하나님께서 우주의 골격을 만드셨고 나중 3일 동안은 골격에 살을 붙이는 작업을 하셨습니다.

좀 더 쉽게 연결해보겠습니다. 첫째 날에는 빛을 창조하셨습니다. 그리고 첫째 날과 연결되는 넷째 날엔 큰 광명체와 작은 광명체, 즉 해와 달을 만드시고 별들을 만드셨습니다. 빛이란 골격을 만드시고 그 빛을 이용하는 별들을 만드신 것입니다.

둘째 날엔 하늘 위의 물과 하늘 아래 물로 나뉘게 하시고 그 사이에 궁창을 만드셨습니다. 궁창은 하늘을 말합니다. 그리고 둘째 날과 병렬 구조인 다섯째 날에는 하늘의 새와 바다의 물고기를 만드셨습니다. 하늘의 새는 궁창을 날아다니고, 물고기는 궁창 아래 물에서 신나게 헤엄칩니다.

셋째 날에는 물은 물대로 모이게 해 땅이 드러나도록 하셨습니다. 땅과 바다가 구분되었습니다. 그리고 거기에 식물이 살도록 하셨습니다. 셋째 날과 짝이라고 할 수 있는 여섯째 날에는 땅에 사는 동물과 인간을 비롯한 모든 생물을 창조하셨습니다.

하나님은 그냥 우연히 세상을 창조하신 것이 아닙니다. 멋진 건물은 멋진 설계도에서 나옵니다. 하나님은 우주 만물을 창조하실 멋진 설계도를 가지고 계셨습니다. 하나님의 설계도에 따라 우주는 질서 있고 체계적으로 창조되었습니다. 우연히 생긴 것이 아닙니다.

▎첫째 날, 빛을 창조하시다

하나님께 가장 먼저 창조하신 것이 빛입니다. 빛이 있으라 하시매 빛이 존재했습니다. 빛이 상징하는 것은 무엇보다 하나님의 현존입니다. 하나님이 창조하신 세상은 하나님을 드러냅니다. 빛이 있기 때문입니다. 사도 바울은 "창세로부터 그의 보이지 아니하는 것들 곧 그의 영원하신 능력과 신성이 그가 만드신 만물에 분명히 보여 알려졌나니 그러므로 그들이 핑계하지 못할지니라"(롬 1:20)라고 했습니다. 빛을 통해 만물을 보면 하나님의 현존을 느끼게 됩니다. 오래전에 상영된 〈컬러 퍼플〉이란 영화가 있습니다. 거기서 주인공이 풀과 꽃이 어우러진 정원을 거닐면서 친구에게 이야기합니다.

"이 아름다운 자연을 보고 신을 노래하지 않는 것은 죄야."

그렇습니다. 하나님은 빛을 통해 만물을 보게 하셨고, 그 만물을 통해 하나님을 알게 하셨습니다. 그리고 만물을 보며 하나님께 영광을 돌리게 하셨습니다.

빛은 또한 생명을 상징합니다. 빛이 없으면 생물은 살 수 없습니다. 첫째 날 창조한 빛은 태양 빛과 다릅니다. 근원적인 빛이며 하나님의 빛입니다. 빛은 구원입니다. 예수님은 세상을 구원하는 참된 빛으로 오셨습니다. 어디로 가야 할지 모르는 캄캄한 상황에 한 줄기 빛이 비추면 구원의 소망을 품을 수 있습니다. 빛은 밝음입니다. 창조 이전의 세상은 혼돈과 공허 그리고 흑암의 깊음이었습니다. 그러나 하나님은 밝음을 창조하셨습니다. 하나님이 창조하신 원초적인 세상은 밝습니다. 하나님의 창조를 믿는 사람은 밝고 건강합니다.

▌둘째 날. 궁창을 창조하시다

하나님은 둘째 날 궁창을 만드셨습니다. 궁창은 히브리어로 '라키아'라고 하는데 두드려서 펼친 큰 공간을 의미합니다. 궁창이란 말이 쉽지 않습니다. 표준새번역이나 공동번역 성경에서는 '창공'이라고 번역했습니다.

하나님께서는 궁창을 '하늘sky'이라고 부르셨습니다(8절).

하늘은 세 가지 의미가 있습니다. 하나는 지구 대기권입니다. 우리가 보통 말하는 하늘입니다. 둘째로 성경에서 하늘들의 하늘(느 9:6)이라고 부르는 우주입니다. 그리고 셋째로 하나님의 보좌(시 11:4, 행 7:49)를 의미합니다. 창세기에서 말하는 궁창하늘은 큰 공간, 지구 대기권을 말합니다. 지구에는 원래 공간이 없었습니다. 지구 밖은 우주고, 지구 표면은 물이었습니다. 생명체가 살 수 있는 공간은 없었습니다. 그런데 하나님께서 물을 위아래로 나누어서 큰 공간이 생기도록 하셨고 그곳을 공기로 채우셨습니다. 생물이 숨 쉬고 활동할 수 있도록 말입니다. 생물에게 공간이란 생명입니다.

우리가 사는 공간은 물과 물 사이에 있습니다. 궁창 아래 물은 지구 표면을 뒤덮고 있는 모든 수분을 말하고 궁창 위의 물은 대기층에 있는 수분을 의미합니다. 여기에 오묘한 섭리가 있습니다. 하늘 위의 물은 그냥 있는 것이 아닙니다. 지구의 온도를 지켜줍니다. 또 아래 물과 순환하면서 비를 내리게 합니다. 물은 하늘이란 공간을 중심으로 순환하면서 사람들에게 공급되어 사람들이 살 수 있게 합니다.

창세기 1장에서 '물'도 매우 중요한 단어입니다. 지구를 창조하기 전에 하나님의 신은 수면 위에 운행했다고 했습니다. 그리고 둘째 날 하나님은 물과 물이 나누어지게 하시고 그 사이에 궁창을 만드셨습니다. 그런데 가만히 보면 물을 창조하셨다는 말씀이 없습니다. 창조 이전 세상은 수면으로 뒤덮인 상태였던 것입니다. 어쩌면 빛보다 먼저 있던 것이 물이라고 할 수 있습니다. 빛과 마찬가지로 물은 생명입니다.

하나님은 말씀의 처음과 끝에 물을 언급하십니다. 창세기에는 창조 이야기에서, 요한계시록에서는 주께서 '생명수 샘물'을 목마른 자에게 주어 살리겠다고 말씀하신 것입니다(계 21:6). 물은 생물을 번성하게 하며 생명을 상징합니다. 그래서 성경은 말씀을 물에 비유하기도 합니다.

물에 대한 관심과 중요성이 고조되고 있습니다. 아프리카의 어려움은 여러 가지가 있지만 그중에서도 물의 부족이나 오염을 근원적인 문제로 꼽습니다. 오염된 물로 인해 질병이 생기고 생명에 위협을 받는 것입니다. 물에 대한 관심은 단순히 환경을 보호하는 차원을 넘어섭니다. 우리 몸의 70퍼센트가 물인 것을 감안하면 사람의 건강과 생명에 물이 미치는 영향이 얼마나 클지 미루어 짐작할 수 있습니다. 물은 모든 생명체의 근원적인 건강, 생명과 연관되어 있습니다. 하나님이 만드신 피조물은 모두 존재 이유가 있습니다. 서로가 서로에게 영향을 줍니다. 창조 세계 전체가 유기적인 공동체인 것입니다. 깨끗한 물이 아름다운 세상을 만듭니다. 하나님이 지으신 모든 생명, 환경과 생태계 전체를 귀하게 여겨야 합니다.

▎셋째 날, 육지와 식물을 창조하시다

셋째 날 하나님은 육지를 창조하셨습니다. 하나님께서 하늘을 만드셨지만 땅은 여전히 물로 가득 찬 상태였습니다. 하나님께서 천하의 물을 한곳으로 모이게 하시고 땅이 드러나도록 명하셨습니다. 그러자 땅이 솟기도 하고 꺼지기도 하면서 바다가 생기기도 하고, 산이 생기기도 하고, 평지가 생기기도 했습니다. 하나님은 바다의 한계를 정하셔서 땅으로 올라오지 못하도록 하셨습니다. 하나님이 땅과 바다의 경계를 명하셨기 때문에 인간과 동물이 살 수 있습니다. 말씀의 능력입니다.

하나님께서 물로 땅을 덮으라 하셨다면 어떻게 되었을까요? 인간과 동물이 살 수 없었을 것입니다. 물이 한계를 넘어 땅 위로 올라오면 어떤 재앙이 벌어지는지 우리는 이미 경험한 바 있습니다. 바로 쓰나미tsunami의 공포입니다. 궁창 위의 물과 아래 물이 한계를 넘어서서 땅을 덮어도 역시 생물이 살 수 없습니다. 노아의 홍수가 그것을 증명하고 있습니다.

그러고 보면 과학과 의술이 발달하고, 높은 경지에 이르렀다 해도 인간은 참 보잘것없는 존재가 아닐 수 없습니다. 지진과 쓰나미, 자연재해 앞에 얼마나 무력한 존재인지 금방 그 한계를 드러내게 됩니다. 하나님 앞에서 인간의 능력을 자랑하는 것은 어리석은 일입니다. 인간의 물질이나 지식, 혹은 건강한 신체를 의지하는 사람은 얼마 가지 않아서 자신의 한계를 경험하게 될 것입니다. 오직 하나님을 의지하는 사람, 하나님의 말씀을 붙드는 사람이 강합니다.

하나님께서는 땅을 만드신 다음, 그 땅에 식물이 자라게 하셨습니다. 태양이 생기기 전에 식물이 먼저 생겼습니다. 식물은 셋째 날, 태양은 넷째 날 창조됩니다. 우리는 보통 식물은 광합성 작용을 통해 자란다고 생각합니다. 태양 빛이 없으면 생물은 살 수 없다고 말합니다. 과학적으로 틀린 이야기는 아닙니다. 하지만 성경적으로는 맞지 않습니다. 성경은 태양보다 근원적인 빛이 있다는 사실을 보여줍니다. 그 빛에 의해 식물이 살고, 만물이 사는 것입니다. 식물은 인간이 살아가는 데 정말 중요한 요소입니다. 산소를 공급해주고, 건물을 지을 수 있는 목재를 제공해주고, 먹거리를 제공해줍니다. 사람이 살 수 있는 환경과 아름다운 경치를 만들어주고, 홍수 피해를 막아주기도 합니다.

1977년 환경단체인 그린벨트 운동Greenbelt Movement을 창설해서 아프리카 전역에 나무심기 운동을 전개한 사람이 있습니다. 아프리카 여성 최초로 노벨 평화상을 수상한 왕가리 마타이Wangari Muta Maathai, 1940~2011입니다. 케냐에서 태어나 미국에서 생물학을 전공한 환경운동가입니다. 그녀는《지구를 가꾼다는 것에 대하여》라는 책에서 나무와 식물이 자라는 숲에 대해 이렇게 말합니다.

"인류 문명이 시작된 뒤로 나무는 식량과 약재, 건축 재료였을 뿐 아니라 치유하고 위로하고 사람과 신이 연결되는 장소였다. …… 나무가 사라지면 에덴동산은 더 이상 동산이 아니게 되는 것이다. …… 환경을 사랑한다면 베어지는 나무를 자신처럼 느껴야 한다. 땅이 죽어가기 때문에 함께 죽어가는 사람과 사회가 바로 나 자신인 것처럼 느껴야 한다. 우리는 황폐해지는 자연을 안타까워해야 하고 인간의 행위로 위기에 처한 식물을 알게 되거나 오염된 강과 매립지를 볼 때 분노해야 한다. 메마른 도시 환경 속에서도 공원이나 나무나 꽃을 가꾸며 아름다움을 갈구하는 것을 자랑스러워해야 한다."

왕가리 마타이는 칩코 운동을 강조합니다. 칩코는 인도 말로 '껴안다'라는 뜻입니다. 18세기 인도 북서부 케르잘리 마을에서 마을 주민 300명이 케즈리 나무를 껴안은 채 죽어갔습니다. 벌목꾼들로부터 나무를 지키려다가 죽어간 것입니다. 1997년 미국의 23세 청년 줄리아 버터플라이 힐Julia Butterfly Hill, 1974~이 칩코 정신을 이어받아 벌목될 예정이었던 캘리포니아 삼나무 위로 올라갔습니다. 60미터 위로 올라가 거기에 움막을 짓고 2년 넘게 살았습니다. 수령이 수백 년 넘는 나무를 무차별적으로 베는 일에 저항하기 위해서였습니다. 결국 그녀는 숲을 지켜냈습니다. 왕가리 여사는 칩코 운동은 무조건 나무를 베지 말고 숲을 지키자는 것이 아니라 무분별한 숲의 파괴를 경계하자는 운동이라고 합니다. 식물이 파괴되면 인간의 생명도 위협받습니다. 이것은 하나님의 창조 섭리이기도 합니다. 식물이 살아야 인간도 삽니다. 인간은 동물, 식물 그리고 자연과 더불어 큰 숲을 이루어야 합니다. 서로 살려야 아름다운 세상이 됩니다.

▌넷째 날, 하늘의 광명체를 창조하시다

하나님께서 넷째 날에 하신 일은 하늘에 조명 장치를 다는 일이었습니다. 이미 빛은 창조되었습니다. 이 빛을 발산할 두 광명체가 이

날 창조된 것입니다. 하나님은 큰 광명체인 해와 작은 광명체인 달을 만들어 낮과 밤을 주관하게 하셨습니다.

하나님은 빛에 의해 인간의 활동을 조절하셨습니다. 밝은 낮에는 일하게 하셨고, 어두운 밤에는 쉬게 하셨습니다. 빛이 비추면 깨고, 빛이 사라지면 자야 합니다. 활동하는 시간과 휴식 시간을 반복하도록 하셨습니다. 밤낮의 반복을 통해 식물이 성장합니다. 인간도 건강해집니다. 밤낮이 바뀌면 건강하지 못합니다. 하지만 밤에 활동할 수밖에 없는 사람도 있습니다. 그래서 하나님은 밤에 비추는 별빛을 주셨습니다. 그 빛을 통해 두려움을 이기도록 하셨습니다. 해와 달, 별이 생기면서 계절과 시간이 생겼습니다. 광명체들로 하여금 징조와 계절, 날과 해를 이루게 하신 것입니다. 그럼 해, 달, 별이 있기 이전에는 어땠을까요? 어떤 성서학자는 넷째 날 전과 후의 시간 개념이 다르다고 주장하기도 합니다. 이전 3일은 하루를 24시간이라고 볼 수 없으므로 창조의 연대를 정확히 측량할 수 없다는 것입니다.

인간은 시간이 창조된 이후에 만들어진 존재입니다. 이것이 하나님과 인간의 큰 차이 중 하나입니다. 인간은 시간의 지배를 받지만 시간 이전에 이미 존재하셨던 하나님은 시간의 지배를 받지 않으십니다. 시간이 있다 없다 말하는 것은 인간적인 표현입니다. 하나님은 시간을 늘리기도 하시고 줄이기도 하시는 분입니다. 천년이 하루 같고 하루가 천년 같게 하시는 분입니다.

인간의 시간은 '크로노스'입니다. 헬라어로 연대기적인 시간, 하루하루 지나가는 시간을 의미합니다. 그러나 하나님의 시간은 '카이로스'입니다. 하나님의 시간은 역사적인 시간, 의미 있는 시간인 것입니다.

인간은 크로노스의 시간 제약 속에 삽니다. 그래서 죽음의 순간이 다가올수록 두렵습니다. 그러나 믿음의 사람은 시간의 제약 속에 살면서 동시에 하나님의 무한한 시간, 카이로스 속에 삽니다. 이미 영생을 맛보며 살기 때문에 죽음의 순간이 와도 두렵지 않습니다. 시간을 만드시고 지배하시고 역사하시는 분은 하나님이십니다. 그러므로 하나님의 시간표 속에서 살아가는 것이 행복입니다.

▎ 다섯째 날, 물고기와 새를 창조하시다

하나님께서 둘째 날 궁창을 창조하셨습니다. 하늘 위의 물과 아래 물을 나뉘게 하시고 그 사이 공간을 만드셨습니다. 그리고 다섯째 날 하나님은 궁창 아래 물에 사는 물고기와 궁창을 나는 새들을 창조하셨습니다. 그리고 그들에게 복을 주셨습니다. "생육하고 번성하여 여러 바닷물에 충만하라 새들도 땅에 번성하라"(창 1:22)고 하셨습니다. 하나님께서 이렇게 명령하시지 않았다면 물고기도 새들도 벌써 씨가 말랐을 것입니다. 물고기를 그렇게 잡는데도 멸종하지 않는 이유는 여러 바닷물에 충만하라는 하나님의 축복 때문입니다. 감사한 일입니다.

▌말씀으로 창조하시다

"하나님이 이르시되 빛이 있으라 하시니 빛이 있었고." _창 1:3

하나님은 말씀으로 세상을 창조하셨습니다. '이르시되'라는 말은 히브리어로 '아마르'라고 합니다. 창세기 1장에서 이 표현이 열 번 사용됩니다. 창조의 역사에서 하나님이 '아마르' 하시니 그대로 되었다는 표현이 반복되고 있습니다. 하나님 말씀에 따라 사물이 존재하게 되었습니다. "그가 말씀하시매 이루어졌으며 명령하시매 견고히 섰도다"(시 33:9). 하나님의 말씀은 창조의 능력이 있어서 말씀하시는 것마다 모두 이루어졌습니다. 이것이 말씀의 능력입니다. 이 말씀은 곧 예수 그리스도입니다. 말씀, 즉 예수 그리스도께서 우리 안에 거할 때 창조의 역사가 일어납니다(요 1:14).

복음서에 예수님이 믿음을 칭찬한 사람이 있습니다. 로마의 백부장입니다. 그는 예수님께 자기 하인을 고쳐달라고 부탁했습니다. 예수님께서 그 가정을 방문하시겠다고 하자 백부장은 만류합니다. 그리고 "말씀만 하옵소서. 그리하면 내 하인이 낫겠나이다"라고 대답합니다. 자신도 부하에게 명령하면 그대로 되는데 예수님의 말씀이면 능히 역사가 이루어지리라는 확실한 믿음이 있었던 것입니다. "말씀만 하옵소서." 예수님이 그 믿음을 칭찬하셨고 말씀대로 하인은 나았습니다.

예수님의 어머니 마리아도 말씀을 믿었던 여인입니다. 천사 가브리엘이 아이를 낳을 것이라 하자 처음엔 남자를 알지 못하는데 어떻게 아이를 낳겠느냐고 물었습니다. 천사가 "하나님의 모든 말씀은 능하지 못하심이 없느니라"라고 하자 마리아는 "주의 여종이오니 말씀대로 내게 이루어지이다"(눅 1:37~38)라고 했습니다. 그리고 예수님을 잉태하게 되었습니다.

누가복음 5장에 보면 베드로가 밤새 고기를 잡지 못한 상태에서 예수를 만났습니다. 예수님은 말씀을 전하신 후에 베드로에게 깊은 데에 그물을 던지라고 했습니다. 그때 베드로는 "말씀에 의지하여 그물을 내리리이다"라고 답했습니다. 말씀에 의지하는 것이 중요합니다. 베드로가 예수님의 말씀에 의지해 그물을 던지자 그물이 찢어질 정도로 많은 고기를 건졌습니다.

바울도 하나님의 말씀을 전적으로 의지했던 인물입니다. 그가 복음을 전하다가 잡혀서 죄수의 몸으로 로마로 압송되던 때입니다. 그가 탄 배가 유라굴로라는 광풍을 만나 파선하게 되었습니다. 모두 죽을 지경이 되자 사람들은 절망했지만 바울은 죄수와 선원과 로마 군인들에게 안심하라고 말합니다. "나는 내게 말씀하신 그대로 되리라고 하나님을 믿노라." 그 믿음대로 모두 살았습니다. 말씀하신 그대로 되리라는 믿음이 중요합니다.

하나님의 말씀이 지닌 놀라운 힘은 하나님의 종인 인간이 그 말씀을 대언만 해도 능력이 나타납니다. 모세가 하나님의 부르심을 받았을 때, 처음엔 자기는 "입이 뻣뻣하고 혀가 둔하다"고 했습니다. 자신은 말을 잘 못하니 보낼 만한 자를 보내라고 사양했습니다. 그때 하나님께서 말씀하십니다. "……누가 사람의 입을 지었느냐 누가 말 못 하는 자나 못 듣는 자나 눈 밝은 자나 맹인이 되게 하였느냐 나 여호와가 아니냐 이제 가라 내가 네 입과 함께 있어서 할 말을 가르치리라"(출 4:11~12). 할 말을 줄 테니 너는 그대로 대언하면 된다는 것입니다. 모세가 하나님의 말씀대로 대언했을 때, 재앙이 일어나기도 하고, 기적이 일어나기도 했습니다.

에스겔 37장에 보면 에스겔이 이스라엘 백성을 상징하는 골짜기의 마른 뼈들을 향해 대언하는 장면이 나옵니다.

"또 내게 이르시되 인자야 너는 생기를 향하여 대언하라 생기에게 대언하여 이르기를 주 여호와께서 이같이 말씀하시기를 생기야 사방에서부터 와서 이 죽음을 당한 자에게 불어서 살아나게 하라 하셨다 하라 이에 내가 그 명령대로 대언하였더니 생기가 그들에게 들어가매 그들이 곧 살아나서 일어나 서는데 극히 큰 군대더라."_겔 37:9~10

말씀으로 천지를 창조하신 하나님의 역사는 오늘날도 계속됩니다. 하나님의 말씀은 오늘날 우리에게도 능력 있는 말씀입니다. 하나님이 말씀하시면 우리 삶에 질서가 생기고 생명의 기운이 깃듭니다. 우리 삶이 더욱 풍성해집니다.

하나님이 말씀하시면 그대로 됩니다. 중요한 것은 순종입니다. 말씀하신 대로 실행할 때 역사가 일어납니다. 말씀대로 사는 세상이 하나님 보시기에 좋은 세상, 아름다운 세상입니다.

인간은 누구인가? _창 1:24~31

"하나님이 자기 형상 곧 하나님의 형상대로 사람을 창조하시되 남자와 여자를 창조하시고" _창 1:27

▮ 알렉스 헤일리의 《뿌리》

《뿌리Root》라는 유명한 소설을 기억하십니까? 1977년 초 미국의 흑인 작가 알렉스 헤일리Alex Haley, 1921~1992가 쓴 소설입니다. 주인공 쿤타 킨테의 이야기를 다룬 이 소설은 이후 TV 영화로도 제작되어 미국 전역에 방영되었습니다. 제가 초등학교 다니던 때 우리나라에서도 방영되었는데, 얼마나 인기가 있었던지 크고 까무잡잡한 아이들은 모두 쿤타 킨테라는 별명이 붙을 정도였습니다. 이 소설은 작가 알렉스 헤일리가 자신의 뿌리, 즉 자신의 조상을 추적하는 내용을 담고 있습니다. 흑인 노예로 아프리카에서 미국으로 끌려왔던 그의 실제 조상 이야기를 묘사한 《뿌리》는 당시 많은 사람들의 눈물샘을 자극했습니다.

《뿌리》는 단순히 과거의 조상을 찾는 작품이 아니었습니다. 알렉스 헤일리는 《뿌리》를 통해 '나는 누구인가'를 묻고 있었던 것입니다.

'나'라는 인간은 누구인가? 중요하고도 어려운 질문이 아닐 수 없습니다. 창세기는 창조 이야기를 통해 내가 누구인지, 인간이 누구인지에 대해 답하고 있습니다.

▌인간은 하나님이 창조하신 피조물이다

인간은 여섯째 날 창조되었습니다. 하나님은 인간이 살 수 있는 모든 환경을 만드시고 난 다음 인간을 만드셨습니다. 여섯째 날 하나님은 인간뿐 아니라 가축과 짐승 그리고 땅에 기는 곤충들을 만드셨습니다.

> "하나님이 이르시되 땅은 생물을 그 종류대로 내되 가축과 기는 것과 땅의 짐승을 종류대로 내라 하시니 그대로 되니라."_창 1:24

하나님은 수많은 생물을 '그 종류대로' 창조하셨습니다. 식물을 창조하실 때도 '각기 종류대로' 창조하셨고(창 1:11~12), 어류와 조류를 창조하실 때도 각기 '그 종류대로' 창조하셨습니다(창 1:21). 그리고 "하나님이 땅의 짐승을 그 종류대로, 가축을 그 종류대로 땅에 기는 모든 것을 그 종류대로 만드시니 하나님이 보시기에 좋았더라"(창 1:25)고 했습니다.

하나님은 수많은 생물의 종류마다 경계를 정하셔서 종이 섞이지 않게 하셨습니다. 여기엔 두 가지 이유가 있습니다. 하나는 시간이 흘러도 하나님께서 만드신 이 세상의 다양한 생물들이 그 특성을 유지하도록 하기 위함입니다. 원숭이가 변하여 사람이 된 것이 아닙니다. 각각 그 종류대로 창조하셨습니다. 또 다른 이유는 아무리 보잘것없는 약한 생물이라도 이 세상에 생존할 자격이 있기 때문입니다. 만약 그 종류대로 창조하셨다는 말씀이 없었다면 세상에는 강한 동물만 살아남았을 것입니다. 그런데 세상은 강한 동물의 것이 아니라 하나님의 것입니다. 자연 속에서는 약한 피조물도 얼마든지 당당하게 살아갈 수 있습니다. 하나님이 그렇게 창조하셨기 때문입니다.

모든 동식물이 귀한데 하나님의 형상대로 지음을 받은 인간은 얼마나 귀한 존재이겠습니까? 아무리 약한 인간이라 할지라도 하나님 앞에서는 귀한 존재입니다. 하나님은 강한 사람만 살아남도록 세상을 창조하시지 않았습니다. 모든 사람과 모든 생물이 더불어 살도록 창조하셨습니다. 대자연과 우주와 인간이 더불어 살도록 창조하셨습니다.

하나님이 창조하셨다는 말은 하나님과 관계가 있다는 말입니다. 우주 만물은 모두 하나님과 관계가 있습니다. 특히 인간은 하나님과 특별한 관계에 있습니다. 무엇보다도 인간은 하나님의 형상에 따라 지음 받은 존재이며, 그 코에 생기를 불어넣어 생령이 된 존재입니다. 하나님과 소통할 수 있는 존재로 만드신 것입니다. 또한 인간은 다른 피조물들을 다스리는 사명을 부여받았습니다. 하나님께서 창조하신 가장 귀한 작품이 바로 인간입니다. 그래서 인간은 하나님과 특별한 관계가 있습니다.

인생은 하나님과의 관계에서 시작됩니다. 하나님과의 관계를 인정하지 않거나, 거부한다면 자신의 존재 자체를 부인하는 것이고, 자신의 진짜 뿌리를 부정하는 것입니다. 신앙인이란 하나님과 관계 있는 존재임을 깨닫는 사람이고, 하나님을 떠나서는 살 수 없는 존재임을 인정하는 사람입니다. 아우구스티누스Augustinus, 354~430는 《고백록》에서 "오 하나님, 당신께서 우리를 만드셨으며 당신 안에서 쉴 때까지 우리 마음이 불안하게 헤매입니다"라고 했습니다. 인간은 하나님이 창조하신 피조물이기 때문에 하나님과 관계를 지속할 때 평안을 얻을 수 있습니다. 하나님과의 관계가 올바르면 나 자신과의 관계도 올바르게 됩니다. 그러면 다른 사람과의 관계도 자연히 정립됩니다.

▌ 인간은 긍정하는 존재다

하나님께서는 피조물을 창조하신 후에 반복해서 "좋았더라"라고 말씀하셨습니다. 그런데 셋째 날엔 "좋았더라"를 두 번 반복합니다. 유대인에게 셋째 날은 화요일입니다. 토요일을 안식일로 보기 때문에 일요일이 첫째 날이고, 순서 상 화요일이 셋째 날이 되는 것입니다. 그들은 화요일에 하나님이 두 번 좋았다는 말씀을 하셨다고 해서 화요일을 무척 좋아합니다. 결혼식도 화요일에 많이 합니다. 그런데 여섯째 날, 인간을 창조하신 날에는 "보시기에 심히 좋았더라"라고 말씀하셨습니다.

하나님은 세상을 만드시고 행복해하셨습니다. 요한복음 3장 16절에도 "하나님이 세상을 이처럼 사랑하사"라고 기록되었습니다. 하나님은 자신이 만드신 세상을 사랑하셨습니다. 하나님께서 귀하게 만드신 세상, 사랑하는 세상을 우리가 저주하면 안 됩니다. 우리는 죽음 이후 저 세상만 바라보고 사는 사람들이 아닙니다. 우리가 한평생 살도록 허락하신 이 세상을 긍정하며 살아야 합니다. 내 삶이 비록 비참해도 그럼에도 불구하고 지금 나의 삶이 좋다고 긍정하는 사람이어야 합니다. 우리 그리스도인은 '그럼에도 불구하고'의 존재입니다. 긍정적인 존재입니다.

누가 "어떻습니까?"하고 물으면 "좋습니다"라고 말합시다. 좋다고 하면 얼굴 표정이 달라지고 표정이 바뀌면 태도가 바뀝니다. 태도가 바뀌면 행동이 바뀌고 습관이 바뀝니다. 그래야 생각이 바뀌는 것입니다. 긍정적인 자화상을 소유해야 합니다. 다른 사람과 비교할 필요가 없습니다. 하나님이 우리를 귀하게 보십니다. 하나님이 날 향해 "심히 좋았더라"고 하신 사실을 잊지 마십시오. 자신에 대해 긍정하는 것은 하나님을 긍정하는 일입니다. 물질로, 외모로, 학력으로, 인기로 다른 사람과 비교할 필요가 없습니다. 우리 모두는 하나님 보시기에 좋은 사람입니다.

▌인간은 복 받은 존재다

> "하나님이 그들에게 복을 주시며 하나님이 그들에게 이르시되 생육하고 번성하여 땅에 충만하라, 땅을 정복하라, 바다의 물고기와 하늘의 새와 땅에 움직이는 모든 생물을 다스리라 하시니라." _창 1:28

하나님께서 우리에게 복을 주셨습니다. 인간은 복 받은 존재입니다. 자신을 저주하거나, 자신의 신세를 한탄해서는 안 됩니다. 자신이 복 받은 존재임을 깨닫고, 복 받은 사람답게 살아야 합니다. 그것이 세상의 청지기로 사는 것입니다.

하나님은 인간에게 만물을 정복하고 다스리는 권세를 주셨습니다. 정복하고 다스리라는 것은 부수고 세우라는 의미가 아닙니다. 자연을 잘 돌보고 가꾸라는 것입니다. 이것이 하나님이 우리에게 맡기신 사명입니다. 자연을 잘 돌볼 때 인간에게 유익이 돌아옵니다If you care the nature, the nature care you in back. 하나님이 주신 자연 자체가 인간에게는 축복입니다. 그리고 하나님이 만드신 대자연을 잘 다스리는 것이 우리의 사명입니다. 우리가 죽어가는 자연을 잘 관리하면 자연으로부터 복을 받습니다.

▌인간은 하나님을 닮은 존재다

인간은 하나님의 형상대로 지음을 받은 존재입니다. 이 말은 인간은 하나님을 닮은 존재라는 의미입니다. 하나님을 닮았기 때문에 우리 한 사람 한 사람은 모두가 귀합니다. 예수님은 한 생명이 천하보다 귀하다고 하셨습니다. 자신의 귀중함을 아는 자긍심을 가져야합니다. 이런 자긍심은 인생을 행복하게 만듭니다. 하나님의 형상이란 하나님과 외모가 닮았다는 의미가 아니라 하나님의 이미지를 갖고 있다는 뜻입니다. 하나님의 형상이 갖고 있는 몇 가지 의미가 있습니다.

첫째는 하나님 인격적으로 닮았다는 의미입니다. 하나님은 자비로움, 의로움, 거룩함과 같은 인격적인 속성을 갖고 계십니다. 인간도 지·정·의를 갖고 있는 인격적인 존재입니다. 그래서 하나님과 교제할 수 있습니다.

둘째는 도덕적으로 닮았다는 의미입니다. 본래 인간은 하나님의 형상대로 지음 받았기 때문에 최고선이신 하나님 뜻대로 살 때 행복할 수 있습니다. 의와 진리에 따라 살 때 기쁨을 얻게 되어 있습니다(엡 4:24).

셋째는 영적으로 닮았다는 말입니다. 인간은 하나님과 교제할 수 있는 유일한 피조물입니다. 그 이유는 인간이 영적인 존재이기 때문입니다. 하나님께서는 흙으로 인간을 지으시고 그 코에 생기를 불어넣으셨습니다. 그래서 인간은 생령이 되었고, 하나님과 영적으로 교통할 수 있게 되었습니다. 우리는 영적인 존재이기에 하나님을 예배할 수 있습니다.

또한 하나님의 형상은 공동체성을 갖고 있다는 의미도 있습니다. 창세기 1장 26절에 보면 "하나님이 이르시되 우리의 형상을 따라 우리의 모양대로"라는 표현이 나옵니다. 여기서 '우리'는 하나님을 강조하는 어법으로 사용되었다고 하나 다른 한편으로는 하나님의 공동체성을 의미하기도 합니다. 하나님은 삼위일체 하나님이십니다. 성부, 성자, 성령 하나님께서 서로 도우며 교통하십니다. 인간도 서로 도우며 살도록 창조되었습니다. 그래서 가정이 있고, 사회가 있고, 교회가 있는 것입니다.

우리는 하나님 형상대로 지음 받은 존재라는 사실을 반드시 기억해야 합니다. 하나님의 자녀로서 자긍심을 지녀야 합니다. 교회에서 누군가 조그만 말의 상처만 주어도 하나님을 믿네 안 믿네 하는데 그것은 자긍심이 없기 때문입니다.

▌천민에서 하나님 자녀가 된 고찬익 장로

고찬익 장로는 서울 연동교회 제1대 장로입니다. 그분은 끝까지 자신을 하나님의 종으로 생각하며 전도한 분입니다. 평안남도 안주에서 천민의 신분으로 태어난 고찬익은 원산에서 선교하던 캐나다 선교사 제임스 게일한국명 기일을 통해 예수를 믿게 되었습니다. 그는 본래 가죽으로 신발을 만드는 천민 갖바치였습니다. 30세 전후의 고찬익은 사기꾼이자 노름꾼, 술꾼으로 방탕한 생활을 하고 있었습니다. 관가에 끌려가 매를 맞다가 벙어리가 되었고, 빚 독촉에 시달리다가 음독자살을 시도하기도 했습니다. 그러나 구사일생으로 살아난 그는 어느 날 게일 선교사가 준 전도지를 받게 됩니다. 거기엔 '네 이름이 무엇이냐?'라는 야곱에 대한 내용이 담겨 있었습니다.

그날 밤 고찬익의 꿈에 흰 옷 입은 분이 나타나 "네 이름이 무엇이냐?" 물었습니다. 고찬익은 "내 이름은 고가올시다. 싸움꾼이고 술꾼이고 망나니입니다. 누구신지 모르지만 저를 용서해주시고 살려만 주십시오"라고 대답했습니다. 그러자 그분이 "이제부터 너는 내 아들이다" 하고 사라졌습니다. 꿈이 하도 이상해서 정신을 차리고 전도지를 다시 읽는데 갑자기 혀가 풀리고 말을 하기 시작했습니다. 그날 그는 평소 자신이 돌을 던지며 전도를 방해했던 게일 선교사를 찾아갔습니다. 자신의 이야기를 고백했고 게일이 전한 복음을 듣고 회심을 했습니다. 게일은 이름이 없는 천민 고가에게 유익이 되는 삶을 살라는 의미로 찬익贊翼이란 이름을 지어주었습니다.

고찬익은 하나님의 종, 그리고 자신을 구원의 길로 인도한 게일 선교사의 조력자가 되어 혼신의 힘을 다해 전도했습니다. 1899년, 그는 게일 선교사가 원산을 떠날 때 함께 서울로 올라가 게일이 연동교회 초대 담임목사가 되었을 때 조사오늘날 집사가 되어 힘써 전도했습니다. 얼마나 열심히 전도했는지 매주 그를 통해 새신자가 교회로 몰려들었습니다. 1904년 고찬익은 연동교회 제1대 장로가 됩니다. 그는 갓바치 같은 천민뿐 아니라 양반, 대감들에게도 복음을 전했습니다. 그의 간증을 듣고 많은 사람이 감동을 받았습니다. 황성 YMCA 회장 이상재, 총무 김정식, 내무협판을 지낸 이원긍, 유성준, 개성 군수였던 홍재기 등 양반 귀족들이 고찬익 장로의 전도로 교인이 되었습니다.

그는 천민 출신인 자신을 자녀로 삼아주신 하나님의 은혜에 감격하며 많은 사람들에게 전도했습니다. 세상은 자신을 천민으로 보지만 하나님은 자신을 귀한 자녀로 삼아주셨다는 사실을 깨달은 것입니다. 게일 선교사는 "내게 노벨상 추천 권한이 있다면 고찬익 장로를 추천하겠다"고 했습니다. 자신이 누구인지 깨달은 고찬익은 어디를 가나 복음을 전하면서 피스메이커 역할을 했습니다.

자신이 누군지 알아야 인생에서 승리할 수 있습니다. 우리는 하나님이 창조하신 피조물입니다. 하나님의 작품이며 하나님과 관계 있는 만물의 영장입니다. 또한 우리는 긍정적인 존재입니다. 하나님이 보시기에 심히 좋은 존재로 만들었습니다. 자신을 저주하거나 부정적으로 평가하지 마십시오.

우리는 하나님의 형상입니다. 하나님을 닮은 위대한 존재입니다. 사탄이 끊임없이 우리를 흔들어대더라도 우리의 뿌리는 하나님임을 잊지 말아야 합니다. 우리는 하나님께서 만드신 최고의 걸작품입니다.

창조 사역의 완성, 안식일 _창 2:1~3

"하나님이 그가 하시던 일을 일곱째 날에 마치시니 그가 하시던 모든 일을 그치고 일곱째 날에 안식하시니라" _창 2:2

▌창조 사역의 마침표, 안식

하나님은 6일 동안 모든 피조물을 만드셨습니다. 그러나 그것으로 하나님의 창조 사역이 완성된 것은 아닙니다. 만약 6일을 끝으로 모든 창조 사역이 완성되었다면 굳이 그다음 날을 언급할 필요가 없을 것입니다. 하지만 성경은 6일의 다음 날인 일곱째 날을 반복적으로 언급하면서, 그날에 하나님이 안식하셨음을 선언합니다. 하나님의 모든 창조 사역은 일곱째 날의 안식과 함께 완성되었습니다. 6일 동안의 하나님의 일하심노동과 일곱째 날의 쉼안식이 창조 사역 안에서 온전하게 결합되어 있다는 것입니다. 하나님께 지음 받은 모든 피조물도 이와 같은 창조 섭리를 따라 살 때 안정된 삶을 누릴 수 있습니다. 노동과 안식의 균형 잡힌 리듬 안에서 살아야 행복할 수 있습니다. 이 리듬을 벗어나거나 균형이 깨지게 되면 삶이 불안정해질 수밖에 없습니다.

▍성실한 노동

노동과 안식이라는 창조 리듬 안에서는 먼저 성실한 노동이 필요합니다. 노동이 없이는 쉼도 존재할 수 없기 때문입니다. 노동의 가치를 아는 자라야 안식의 가치를 알 수 있습니다. 뙤약볕 아래에서 땀을 흘려본 사람만이 나무 그늘 아래서 즐기는 바람의 가치를 알 수 있습니다. 하는 일도 없이 먹고 노는 사람은 결코 안식의 의미를 알지 못합니다.

우리는 노동을 아담의 죄에 대한 형벌로 생각합니다(창 3:17). 물론 그것은 어느 정도 사실입니다. 인간이 범죄한 결과, 인간과 자연에게 저주가 임했습니다. 인간은 이마에 땀을 흘려야 먹고살 수 있게 되었습니다. 그러나 성경을 자세히 읽어보면 노동은 이미 인간의 타락 '이전'부터 있었습니다.

"여호와 하나님이 그 사람을 이끌어 에덴동산에 두어 그것을 경작하며 지키게 하시고."_창 2:15

경작하는 것, 지키는 것은 모두 '일'이었습니다. 타락 이전에 인간은 이미 하나님께로부터 노동을 명령받았습니다. 하나님이 창조하신 세계를 관리하고 보호하는 책임을 위임받은 것입니다. 그런 의미에서 보면 노동은 하나님의 창조 사역창조 세계 유지에 동참하는 거룩하고도 감격스러운 의무입니다. 하지만 진정한 노동의 의미는 인간의 타락과 함께 왜곡됩니다.

> "아담에게 이르시되 네가 네 아내의 말을 듣고 내가 네게 먹지 말라 한 나무의 열매를 먹었은즉 땅은 너로 말미암아 저주를 받고 너는 네 평생에 수고하여야 그 소산을 먹으리라." _창 3:17

기쁨의 노동이 괴로운 노동으로 변질되었습니다. 하나님의 창조 세계를 관리하는 거룩한 일이 한낱 먹고살기 위한 수단으로만 전락하게 된 것입니다. 우리가 하나님의 창조 섭리 안에서 살아가려면 본래의 거룩한 노동을 회복해야 합니다. 노동에 대한 부정적인 인식을 버리고 기쁨과 성실함으로 노동에 임해야 합니다.

예수님께서 말씀하시기를 "내 아버지께서 이제까지 일하시니 나도 일한다"(요 5:17)고 하셨습니다. 사도 바울도 "일하기 싫어하거든 먹지도 말게 하라"(살후 3:10)고 했습니다. 성실한 노동을 강조한 것입니다. 이런 성실한 노동을 통하여 우리는 하나님의 영광을 드러낼 수 있어야 합니다(고전 10:31). 그러기에 노동은 소명입니다. 현재 내가 하는 일이 하나님의 뜻과 어긋나지 않는 일이라면, 그 일을 하나님의 소명으로 여기고 성실히 감당해야 합니다. 그것을 통해 하나님의 영광이 드러날 수 있도록 최선을 다해야 합니다. 그럴 때 노동 후에 이어지는 참된 안식을 누릴 수 있습니다. 이처럼 각자의 자리에서 성실하게 일할 때 우리는 진정한 안식을 발견할 수 있습니다.

▎두 가지 안식

성실한 노동 없이는 안식이 없듯, 진정한 안식이 없으면 노동의 가치도 사라지게 됩니다. 제대로 안식하지 않으면 노동만 연속될 뿐이고, 사람은 일벌레로 전락하고 마는 것입니다. 진정한 안식은 두 가지 차원을 함께 고려해야 합니다. 첫째는 '모든 노동을 그치는 것'으로서의 안식이고, 둘째는 '새로운 노동을 위한 쉼'으로서의 안식입니다.

모든 노동을 그침

"안식하다"히브리어로 사바트라는 말의 기본적인 의미는 단순히 쉬는 것보다는 하던 일을 멈추는 데 있습니다. "하나님이 그가 하시던 일을 일곱째 날에 마치시니 그가 하시던 모든 일을 그치고 일곱째 날에 안식하시니라"(창 2:2). 즉, 참된 안식은 우리가 하던 모든 노동을 그침으로 이루어집니다. 하나님께서 노동을 그치시고 창조된 세계를 향유하셨던 것처럼, 우리도 노동을 멈출 때 진정한 안식을 누리게 됩니다. 노동을 멈추라는 말의 궁극적인 의미는 창조와 구원의 하나님을 누리라는 말입니다.

노동을 멈춘다는 것은 인간적인 측면에서는 생계의 수단을 일시적으로 포기한다는 것을 의미합니다. 바꿔 말하면 우리의 생계가 우리의 수고와 노력에 달려 있지 않음을 인정하는 것입니다. 우리의 생명이 창조와 구원의 하나님께 있음을 인정하는 것입니다. 이처럼 노동을 멈추고 창조와 구원의 하나님을 인정하며 그분을 향유하는 것이 바로 안식입니다. 창조와 구원의 하나님을 누리는 가장 대표적인 것이 바로 예배입니다. 우리는 예배를 드림으로 하나님의 창조와 구원을 기억하며 감사할 수 있습니다. 그런 의미에서 안식일주일에 모여 하나님께 예배하는 것은 하나님의 백성만이 누릴 수 있는 특권입니다. 왜냐하면 하나님이 이날에 특별한 복을 주시고 이날을 특별한 날로 구별하셨기 때문입니다.

"하나님이 그 일곱째 날을 복되게 하사 거룩하게 하셨으니."_창 2:3a

앞선 6일 동안 인간과 동물에게 주어진 하나님의 복은, 이제 일곱째 날에 주어집니다. 하나님은 이날을 거룩하게 구별하십니다. 안식일은 '특별한 복'이 있는 구별된 날이라는 말입니다. 그래서 주일을 성일聖日이라고 합니다. 거룩한 날, 구별된 날이란 의미입니다. 따라서 이날을 다른 평일과 구별하여 하나님께 예배하는 이들은 특별한 복을 누리게 되는 것입니다. 주일을 구별하여 지키는 것이 특별한 복을 누리는 일이라고 한다면, 반대로 주일에 예배를 통하여 안식하지 않고 일하거나 공부하는 것은 특별한 복을 놓치는 것입니다. 진정한 안식은 우리의 수고를 그치고 창조와 구원의 하나님을 예배하는 것입니다. 그럴 때 하나님께서 허락하신 특별한 복을 누릴 수 있습니다.

새로운 노동을 위한 쉼

안식은 내일을 준비하는 재창조recreation의 사건이며 '새로워짐 refreshment'의 사건입니다. 우리는 안식을 통해 새로운 힘을 얻습니다. 하나님은 일하고 쉬셨던 반면 아담은 먼저 쉰 후에 일하기 시작했습니다. 아담은 쉼을 통해 얻은 힘으로 그에게 주어진 명령을 수행해나갔습니다. 아담에게 맡겨진 첫 임무는 쉼을 통해 얻은 힘으로 에덴동산을 관리하는 일이었습니다. 이처럼 안식은 새로운 노동을 위한 충전과 회복의 시간입니다. 안식 없이는 활기찬 노동도 기대할 수 없습니다.

이렇듯 안식은 우리에게 있어서 단순한 쉼 이상의 의미를 가지고 있습니다. 안식은 곧 예배이며, 구원의 하나님을 누리는 것이며, 내일을 준비하는 재창조의 사건입니다. 하나님께서 6일을 창조하시고 안식하신 것은 피곤해서도 아니며, 쉼이 필요했기 때문도 아닙니다. 안식을 통해 인간이 쉼의 즐거움과 기쁨을 맛보고, 그 시간을 통해 하나님과 만나기를 바라셨던 것입니다.

하나님의 창조의 완성은 안식에서 이루어졌습니다. 우리도 삶속에서 열심히 노동하고 쉼을 통해 활력을 재생산하며, 하나님을 체험하는 기회를 가져야 합니다. 하나님께 부여받은 참된 노동은 일할수록 생명이 살아나고 우리 삶에 생명의 기운을 북돋웁니다. 더불어 하나님이 허락하신 안식은 우리 인생에서 참쉼과 평안을 가져다줄 것입니다.

에덴동산을 회복하라 _창 2:4~17

"여호와 하나님이 동방의 에덴에 동산을 창설하시고 그 지으신 사람을
거기 두시니라" _창 2:8

▌계속되는 창조

몇 년 전, 현지 목회자와 성도들에게 말씀을 전하기 위해 중남미의
작은 나라 코스타리카에 다녀온 적이 있습니다. 코스타리카는 전
국토의 90퍼센트가 국립공원 수준이라는 이야기를 들은 적이 있었
는데, 직접 가보니 빈말이 아니었습니다. 세계 10대 활화산 중 하
나인 아레날 화산 주변에 온천과 정글이 있는데 여기가 에덴동산이
아닌가 싶었습니다. 화산 주변을 타고 흐르는 계곡의 물들이 모두
온천물이었습니다. 이곳저곳으로 흐르는 온천 물줄기가 마치 에덴
동산을 적시는 네 개의 강 같았습니다. 미국 플로리다의 해안과 해
안 주변에 늘어선 집들 역시 마치 파라다이스를 연상시키는 듯 아름

답고 화려했습니다. 세상의 자연경관도 형언할 수 없을 만큼 좋은데 태초에 하나님이 만드신 에덴동산은 얼마나 아름다웠을까요? 생각만 해도 마음이 설레었습니다. 하나님 역시 그 아름다운 피조물들을 바라보시고는 연신 "보시기에 좋았더라"라고 말씀하셨습니다.

하나님은 6일간 창조하시고 7일째 안식하셨습니다. 하나님의 창조 사역은 6일 동안의 창조로 끝난 것이 아니라 7일째의 안식으로 완성됩니다. 그러나 창조가 완성되었다고 해서 8일째 되는 날부터 세상으로부터 완전히 손을 거두신 것이 아닙니다. 온 세상을 온전한 모습으로 창조하신 하나님은 창조가 완성된 이후에도 보살핌과 공급하심을 통해 선한 모습으로 유지되도록 계속하여 일하고 계십니다. 이 세상은 궁극적으로 하나님의 사랑 없이는 유지될 수 없는 곳으로 창조되었습니다. 하나님의 창조는 오늘 이 순간에도 계속되고 있는 것입니다.

창조 이야기의 주 무대는 에덴동산입니다. 창세기 2장에는 이 에덴동산을 중심으로 계속되는 하나님의 창조 이야기가 펼쳐집니다.

▎특별한 피조물, 사람

창세기 2장은 여섯째 날 있었던 창세기 1장의 인간 창조에 대해 좀 더 구체적으로 기록하고 있습니다.

"여호와 하나님이 땅의 흙으로 사람을 지으시고 생기를 그 코에 불어넣으시니 사람이 생령이 되니라."_창 2:7

하나님이 손수 빚으시다

하나님께서 다른 피조물을 창조하실 때 사용한 방법은 '말씀'이었습니다. "하나님이 이르시되 …… 그대로 되니라." 그런데 유독 사람을 창조하실 때는 직접 손으로 빚는 방법을 택하셨습니다. "지으시고(7절)"를 뜻하는 히브리어 동사 '야짜르'는 토기장이가 진흙을 빚어 토기를 만드는 장면을 묘사할 때 사용됩니다. 즉 하나님께서 직접 당신의 손으로 사람을 빚으셨다는 것입니다. 마치 토기장이가 정성을 다해 조심스럽게 그릇을 빚는 것처럼 하나님께서도 사람이란 작품상품이 아닌을 심혈을 기울여 만드셨습니다. 하나님이 사람을 당신의 손으로 직접 빚으셨다는 것은, 그만큼 '신중을 기하셨다'는 것을 의미합니다. 달리 말하면 그 손길에 특별한 사랑과 정성이 담겨져 있음을 의미합니다.

흙으로 창조하시다

인간을 만든 재료는 흙이었습니다. 땅으로부터 얻는 흙은 티끌, 먼지를 의미합니다. 우리는 모두 티끌이나 먼지로 빚어진, 질그릇 인생들입니다. 그릇 중에서 가장 약한 그릇이 질그릇입니다. 떨어뜨리거나, 부딪히기만 해도 산산조각이 나버립니다. 그처럼 인간의 본질은 연약합니다. 아무리 잘 생기고 덩치가 크고 똑똑해도 결국엔 진흙 한 덩이에 지나지 않습니다. 하나님의 형상을 닮아서 영광스럽게 만들어진 인간이라 해도 우리의 본질은 보잘것없는 티끌인 것입니다.

"이는 그가 우리의 체질을 아시며 우리가 단지 먼지뿐임을 기억하심이로다." _시 103:14

우리의 모든 조상들이 흙 속에 묻혔고, 우리도 결국 흙으로 되돌아갈 것입니다. 창세기 3장 19절 후반에도 "너는 흙이니 흙으로 돌아갈 것이니라"라고 기록되어 있습니다. 이런 인간의 실존을 아는 사람은 하나님 앞에서 겸손할 수밖에 없습니다. 결코 나의 강함이나 명철을 자랑할 수 없습니다. 나 자신에게 자랑할 것이 있다거나, 내 힘으로도 얼마든지 살 수 있다고 여기는 것은 인간의 본질을 모르기 때문입니다. 우리는 한낱 한 줌의 흙에 불과합니다. 하나님의 사랑이 아니고는 단 한순간도 살 수 없는 존재인 것입니다.

코에 생기를 불어넣으시다

"생기를 그 코에 불어넣으시니 사람이 생령이 되니라"(7절)는 말씀에서 '생령'은 '살아 있는 존재a living being'를 뜻합니다. 하나님이 흙으로 사람의 형체를 만들고 코에 생명의 숨을 불어넣으니 살아 움직이는 존재, 즉 생명체가 되었다는 것입니다. 사람의 숨이 하나님으로부터 왔다는 것은 사람의 생명이 하나님과 직접 연결되어 있음을 의미합니다. 하나님이 숨을 거두어가시면 사람은 생명 없는 먼지에 불과합니다. 사람이 죽었을 때 "숨이 끊어졌다"라고 말하는 것도 같은 이유입니다. 이처럼 사람의 창조는 여느 피조물들과 같지 않습니다. 하나님은 사람을 특별하게 창조하셨고, 특별한 관심과 사랑을 쏟으셨습니다.

▌인간에게 선물하신 최적의 공간 에덴

하나님은 각별한 사랑을 쏟아 빚으신 사람을 위해서, 최적의 조건이 구비된 특별한 장소를 마련해주셨습니다. 그곳이 에덴동산입니다.

에덴동산은 인간에게 선물하신 최적의 공간입니다. 에덴은 '행복의 땅, 축복의 땅'을 의미합니다. 히브리어로 '동산'을 뜻하는 '간'은 헬라어로 '파라다이오스', 낙원을 뜻합니다. 즉, 에덴동산은 이보다 더 좋을 수 없는, 사람이 살기에 최적의 조건을 갖춘 곳이었습니다.

사람의 생명건강에 중요한 영향을 미치는 세 가지 필수요소가 있습니다. 공기, 음식, 물입니다. 첫 번째 요소인 공기는 사람이 호흡하며 생명을 유지할 수 있도록 해주는 필수불가결의 요소입니다. 에덴동산은 아담이 계속해서 숨을 쉴 수 있는 신선한 공기를 제공하는 장소였습니다. 두 번째 요소는 음식입니다. 에덴동산은 과일나무가 가득 심겨 있는 정원과 같았습니다. 하나님께서는 그 땅에서 보기에 아름답고 먹기에 좋은 나무가 나게 하셨습니다. 세 번째 요소는 물인데, 에덴동산에는 강의 근원오염되지 않은 신선한 물이 있었습니다(창 2:10). 이 강의 근원은 에덴동산을 흠뻑 적셔주었고, 또한 네 개의 강줄기비손, 기혼, 힛데겔, 유브라데의 근원이 되었습니다.

이처럼 에덴동산은 좋은 공기와 좋은 과실을 맺는 나무들이 풍부했고, 네 개의 강줄기를 이룰 만큼 풍부한 수원이 있었습니다. 의식주를 전혀 걱정하지 않아도 되는 인간이 상상할 수 있는 최고의 낙원이었습니다.

중요한 것은 하나님께서 이런 낙원을 손수 준비창설하시고, 당신께서 지으신 사람을 그곳으로 이끌어 오셔서 살도록 하셨다는 것입니다. 하나님께서 사람을 창조하신 후 스스로 알아서 살도록 방치하지 않으시고, 직접 사람이 살 수 있는 최적의 장소를 마련해주셨음을 강조하는 것입니다. 그런 의미에서 에덴동산은 하나님께서 인간에게 선물하신 최적의 공간입니다. 사람을 향한 하나님의 세심하고도 깊은 사랑을 깨닫도록 만드는 장소라는 것입니다.

▍에덴동산은 하나님과의 교제의 장소다

그렇다면 에덴동산은 어디에 있었을까요? 많은 사람들이 과거 에덴동산의 지리적인 위치에 관심이 많습니다. 학자들은 네 개의 강들 중, 현존하는 티그리스와 유프라테스 강의 현재 위치를 바탕으로, 페르시아 만의 북쪽 끝 부분에 에덴동산이 위치했을 것이라고 추정합니다. 그러나 에덴동산의 실제 위치보다도 중요한 것은 에덴동산이 우리들에게 어떤 의미를 지니는 장소인가 하는 것입니다.

에덴은 풍족한 과일나무나 풍부한 물 때문에 가치가 있는 장소가 아닙니다. 에덴동산이 지니고 있는 진짜 가치는 그곳이 하나님의 구체적인 임재가 있는 장소라는 점에 있습니다. 에덴동산은 하나님의 임재가 충만한 곳이었고, 하나님이 함께하심으로 인해 행복한 동산이었습니다. 풍요로운 과실수도, 풍족하게 공급되는 생명수도 결국에는 하나님의 임재를 통해서만 가능했다는 것입니다.

하나님께서 에덴동산에 사람을 두신 것은 동산을 경작하고 가꾸기 위한 목적도 있었겠지만, 그보다는 사람과 교제하기 위해서였습니다. 하나님께서는 사람과 지속적으로 관계를 맺으시며 일하셨습니다. 창세기 2장 중후반에 나오는 장면들을 보면 아담으로 하여금 동물들의 이름을 짓게 하시는 장면(2:19), 아담을 잠들게 하시고 그 갈빗대로 여자를 만드시는 장면(2:22), 그 두 사람으로 최초의 가정을 이루시는 장면(2:24) 등 마치 부모가 자식을 돌보고 기르듯 하나님이 아담 곁에서 그의 일거수일투족을 돌보고 이끄셨음을 알 수 있습니다. 사람과 친밀한 교제를 지속하셨다는 것입니다.

결국 하나님이 사람에게 에덴동산을 허락하신 것은 사람과의 친밀한 교제를 위함이었습니다. 에덴동산의 풍성한 과일나무와 그곳으로부터 흘러나오는 풍족한 강물이 의미하는 것도, 결국 모든 풍요와 생명의 원천이 바로 하나님이라는 것을 의미합니다. 나아가 그 하나님과 친밀한 교제를 이루는 것이 참행복의 근거임을 알려주는 것입니다.

▌ 선악을 알게 하는 나무

그런데 이 좋은 에덴동산 중앙에 하나님은 이상한 나무 하나를 두셨습니다. 선악을 알게 하는 나무입니다. "여호와 하나님이 그 사람에게 명하여 이르시되 동산 각종 나무의 열매는 네가 임의로 먹되 선악을 알게 하는 나무의 열매는 먹지 말라 네가 먹는 날에는 반드시 죽으리라 하시니라"(16~17절) 모든 나무의 열매를 임의로 먹어도 좋다고 허락하신 하나님이 굳이 선악과만큼은 먹지 말라고 하신 이유는 무엇일까요? 만약 하나님께서 선악과를 동산에 두지 않

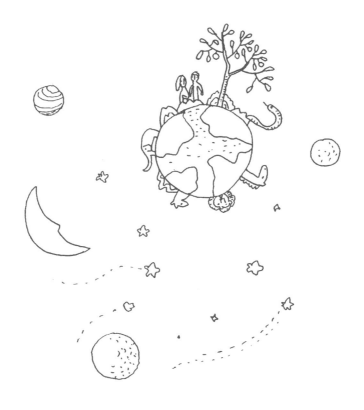

으셨다면, '그것을 먹으라, 말라'고 하실 필요도 없는 일입니다. 그
랬다면 아담과 하와가 갈등할 필요가 없고, 그로 인하여 범죄할 이
유도 없는 것이었습니다. 그런데 어차피 먹지 말라고 하실 선악과
를 만들어놓으신 이유는 뭘까요?

　하나님께서 선악과를 에덴동산에 두신 이유는 하나님을 향한 사
람의 자발적인 사랑을 원하셨기 때문입니다. 하나님은 사람에게 강
제적인 복종이나 기계적인 사랑을 원하지 않으셨습니다. 강제적 복
종을 원하셨다면 굳이 자유의지를 허락하시지도 않았을 것입니다.

차라리 리모컨으로 조종할 수 있는 로봇을 만드셨을 것입니다. 사람에게 자유의지를 주시고, 불순종을 선택할 수도 있는 위험을 감수하면서까지 선악과 금지령을 내리신 이유는, 아담의 자발적인 순종과 사랑을 원하셨기 때문입니다. 강제하는 사랑순종은 진정한 사랑일 수 없고, 오직 스스로 사랑하는 것이 참사랑입니다. 하나님이 원하셨던 것은 자발적인 사랑이었습니다.

자발적인 사랑은 선택을 수반합니다. 무언가를 선택하는 데는 분명 책임과 희생이 따릅니다. 즉, 누군가를 자발적으로 사랑한다는 것은, 선택과 희생, 책임을 감수하는 것입니다. 아담은 하나님을 사랑하기 위해 보암직하고 먹음직하고 지혜롭게 할 만큼 탐스러운 선악과를 포기해야 했습니다. 하나님과 선악과를 모두 선택하거나 사랑할 수 없었다는 것입니다.

"한 사람이 두 주인을 섬기지 못할 것이니 혹 이를 미워하고 저를 사랑하거나 혹 이를 중히 여기고 저를 경히 여김이라 너희가 하나님과 재물을 겸하여 섬기지 못하느니라."_마 6:24

이처럼, 하나님이 에덴동산 중앙의 가장 잘 보이는 곳에 선악과를 두신 이유는 아담의 자발적이고 선택적인 사랑을 원하셨기 때문입니다. 따라서 우리가 에덴동산의 선악과를 통해서 놓치지 말아야 할 것 역시, 사람을 향한 하나님의 특별한 사랑입니다. 하나님은 우리를 먼저 사랑하시고 우리가 하나님을 자발적으로 사랑하는 친밀한 사랑의 관계를 맺길 원하셨다는 것입니다.

최초의 숲을 회복해야 하는 거룩한 사명

최초 인류인 아담과 하와는 하나님을 향한 자발적인 사랑에 실패했습니다. 먹지 말라고 한 선악과를 먹고 만 것입니다. 하나님보다도 선악과를 선택한 것입니다. 그래서 에덴동산으로부터 추방당하게 됩니다.

인간은 타락하여 추방당하면서 하나님께로부터 받았던 최초의 임무, 즉 에덴동산을 가꾸는 일마저 실패하게 됩니다. 에덴에서 추방되는 동시에 하나님과의 교제가 끊어지고 에덴동산에 접근하지 못하게 된 것입니다(창 3:24). 또한 아담 이후의 모든 인류오늘날 우리들을 포함해서는 하나님과의 깨어진 관계 속에서 죽을 수밖에 없는 운명에 놓이게 되었습니다. 하나님의 친밀한 교제권 밖으로 쫓겨난 삶, 즉 에덴동산에서 쫓겨난 삶을 살게 되고 만 것입니다.

그러나 이 모든 파괴된 관계를 회복하신 분이 계십니다. 두 번째 아담이신 예수 그리스도이십니다. 예수님은 하나님과의 깨어진 관계를 십자가로 회복시키셨습니다.

"또 십자가로 이 둘을 한 몸으로 하나님과 화목하게 하려 하심이라 원수된 것을 십자가로 소멸하시고."_엡 2:16

또한 예수님은 십자가로 영원히 죽을 수밖에 없는 우리들에게 영생을 허락하셨습니다. 베드로전서에서도 "친히 나무에 달려 그 몸으로 우리 죄를 담당하셨으니 이는 우리로 죄에 대하여 죽고 의에 대하여 살게 하려 하심이라"(벧전 2:24)고 말씀하고 계십니다. 따라서 오늘날 예수 그리스도를 영접하고 그분을 힘입어 살아가는 주의 자녀들은 사실상 에덴동산의 회복과 그곳에서의 영원한 삶을 약속받은 존재들입니다.

그리스도인들은 이 세상 속에서 에덴동산을 회복해야 하는 거룩한 사명이 있습니다. 직장에서, 가정에서, 교회에서, 우리가 발을 딛고 살아가는 어느 곳에서든지 하나님께서 허락하신 최초의 숲, 즉 하나님의 임재 안에서 모두가 생명의 풍요로움을 누리고 하나님과 친밀하게 교제하는 숲 공동체를 회복하는 데 앞장서야만 합니다. 그것이 바로 이 땅에 하나님의 나라를 확장해가는 일인 것입니다.

행복한 가정의 비결 _창 2:18~24

"이러므로 남자가 부모를 떠나 그의 아내와 합하여 둘이 한 몸을 이룰지로다" _창 2:24

▌3포 세대

크리스천 청년들에게 인기가 높은 박수웅 장로님을 방송국에서 만난 적이 있습니다. 박 장로님은 마취과 의사이기도 한데 40세 이후 그의 주업과 부업이 바뀌었습니다. 주업은 청년들에게 비전을 심어주는 일이고, 의사는 부업이라고 했습니다. 자신이 마취과를 택한 이유도 의사 중에 그나마 시간을 낼 수 있는 의사가 마취과 의사이기 때문이라고 합니다. 그분은 청년들에게도 관심이 많지만 청년들이 꾸려나가는 가정에도 관심이 많으셨습니다. 박 장로님이 쓰신 《독신 탈출 결혼 정복》이란 책을 보면 요즘 청년들이 결혼에 대해 심각하게 생각하지 않는다고 합니다. 요즘 청년들은 경제적인 문제나 사회적인 추세에 의해 결혼에 대해 소극적인 경향이 있습니다. 워낙에 삶이 팍팍하다 보니 취업, 결혼, 출산을 포기했다고 해서 3포 세대라고 불리기도 합니다. 청년들이 결혼하지 않는 진짜 이유에 대해 박 장로님은 "진정한 결혼이 무엇인지, 가정이 무엇인지, 행복이 무엇인지 모르기 때문"이라고 말합니다.

우리는 먼저 결혼에 대해, 가정에 대해 바로 알아야 합니다. 성경에서 말하는 가정의 개념은 무엇인지, 행복한 가정의 비결은 무엇인지를 알고 나면 결혼에 대한 생각도 바뀔 수 있습니다.

▎결혼과 가정, 하나님의 섭리

행복한 가정을 이루는 첫 번째 비결은 하나님이 가정을 세우셨다는 믿음입니다.

하나님께서 직접 만드신 두 개의 공동체가 있습니다. 가정과 교회입니다. 하나님은 교회보다 먼저 가정을 만드셨습니다. 국가나, 학교나, 기업이나, 사회보다도 가정을 먼저 세우셨습니다. 그만큼 가정은 중요합니다. 가정은 내 맘대로 만들고 파괴할 수 있는 모래성이 아닙니다. 가정을 내 맘대로 할 수 있다는 생각 자체가 죄입니다. 두 사람이 만나서 부부가 되고 가정을 이루는 것은 내가 선택한 일 같지만 궁극적으로 하나님이 허락하신 일입니다. 그래서 결혼할 때 "하나님이 짝지어주신 것을 사람이 나누지 못할 것"이라고 선언하는 것입니다. 하나님이 가정을 세우셨다면 또한, 하나님이 내 배우자를 허락하셨다는 믿음을 가져야 합니다. 나와 함께 사는 배우자는 어쩌다 마주친 사람이 아니라 하나님이 허락하신 소중한 존재입니다. 서로 존귀하게 여기며 살아야 합니다. 결혼의 대상은 '하나님이 짝지어주신 사람'이어야 합니다. 조건이나 계산, 쾌락의 대상으로서 배우자를 찾는 것은 불행한 결과를 낳습니다. 배우자를 선택하고 결혼하여 가정을 이루는 모든 과정은 성경적인 원리에 의해 신중하게 진행해야 합니다.

남녀가 결혼하는 것은 하나님의 섭리입니다. 하나님은 아담 혼자 있는 것을 좋아하지 않으셨습니다(창 2:18). 그래서 아담을 깊이 잠들게 하시고 그 갈비뼈로 하와를 만드시고 함께 살게 하셨습니다. 또한 생육하고 번성하는 복을 주셨습니다. 하나님은 인간이 살 수 있는 최적의 장소, 에덴동산에서 남자와 여자를 맺어주셨습니다. 에덴동산은 최초의 결혼식장이며, 하나님은 최초의 주례자이십니다.

예수님께서 공생애를 시작하면서 첫 기적을 행하신 곳도 가나의 혼인 잔칫집이었습니다. 포도주가 떨어져서 결혼식이 엉망이 될 상황에서 예수님은 물을 포도주로 만드셨습니다. 풍성한 결혼식이 되도록 기적을 행하셨습니다. 예수님이 함께하는 결혼은 결핍 가운데서도 풍성함을 누릴 수 있습니다. 하나님은 섭리 가운데 세우신 가정들을 돌보시고 풍성하게 가꾸십니다.

▍배우자는 돕는 배필

하나님은 아담을 깊이 잠들게 하신 후 그의 갈비뼈로 하와를 만드셨습니다. 원어로 갈비뼈를 '첼라'라고 합니다. 말 그대로 하면 '옆에서'란 뜻입니다. '한쪽 편'이란 의미도 있습니다. 하와는 단순히 아담의 갈비뼈 하나가 아니라 아담을 온전하게 해주는 한쪽 편이란 의미입니다. 아담 옆에 없어서는 안 되는 존재라는 것입니다.

사람은 더불어 사는 존재로 창조되었습니다. 사람 인人자를 보면 두 획이 서로 기대고 있습니다. 사람은 서로 돕고 기대며 사는 존재란 의미입니다. 하나님께서는 아담에게 돕는 배필로서 하와를 주셨습니다. 돕는 사람이라고 하면 열등한 존재라고 오해하는 경우가 있습니다. 보조자나, 조수 정도로 생각할 수 있습니다. 그러나 하나님은 여자를 남자의 조수로 만드신 것이 아닙니다. 돕는다는 표현은 히브리어로 '에젤'인데 이것은 하나님이 우리를 도우실 때 사용하는 표현입니다. 시편 121편을 보면 "내가 산을 향하여 눈을 들리라 나의 도움이 어디서 올까"라는 말씀이 있는데 여기서 쓰인 단어가 '에젤'입니다. 이것은 동역을 의미합니다. 우리는 하나님의 동역자이며 하나님은 우리의 동역자입니다. 이와 같은 맥락에서 하나님은 아담과 하와를 서로 돕는 배필, 즉 동역자로 만드셨습니다. 배우자보다 자신을 우월한 존재라고 생각하는 순간 불행이 시작됩니다. 상대방을 무시하고 함부로 대하게 됩니다. 남편과 아내는 서로 대등한 동역자입니다.

가정에서 남편과 아내는 서로 존중해주는 호칭을 사용해야 합니다. 하나님은 하와를 만드시기 전에 아담으로 하여금 동물들의 이름을 짓게 하셨습니다. 이름을 짓는 일만큼 창조적인 일이 없습니다. 아담이 그 많은 동물들의 이름을 지었다는 것은 대단한 일입니다. 그리고 나서 아담을 잠들게 하시고 하와를 만드셨습니다. 하와를 만드신 후 아담에게 데려가자 아담은 '여자'라고 불렀습니다. 아담에게 여자, 하와란 이름은 가장 아름답고 사랑스럽고 존귀한 칭호입니다.

남편이 부인을 부르는 보편적인 호칭 중에 '아내'란 단어가 있습니다. 아내는 '안의 해'라는 말입니다. 안에 있는 태양, 우리 가정의 태양이란 의미가 있습니다. 의미도 좋고, 발음하기도 좋습니다. '여보'는 '나에게 보배와 같이 소중한 존재'란 의미가 있습니다. '당신'은 '서로 떨어져 있는 것 같지만 내 몸과 같은 존재'라는 의미가 있습니다.

부부는 서로 돕는 배필입니다. 인간은 불완전한 존재입니다. 누군가의 도움 없이 혼자 설 수 없는 존재입니다. 인간은 누구나 돕는 사람이 필요합니다. 태어날 때도 도움이 필요하고, 자랄 때도, 공부할 때도, 병들었을 때도, 심지어 죽을 때도 누군가의 도움이 필요합니다. 인간은 도움을 받고, 도움을 주는 존재로 창조되었습니다.

▌ 둘이 한 몸을 이룰지로다

"이러므로 남자가 부모를 떠나 그의 아내와 합하여 둘이 한 몸을 이룰지로다."_창 2:24

몸은 육신만을 의미하는 것이 아닙니다. 육체적·정신적·영적인 것을 다 포함합니다. 성격 차이 때문에 이혼한다는 부부들이 있습니다. 그런데 상담을 해보면 성격보다도, 성性 격차로 이혼하는 경우가 많다고 합니다. 소위 성적 트러블이 문제가 되는 것입니다. 이것은 남녀가 온전히 육체적으로 한 몸이 안 되었다는 증거입니다. 하나님이 인간에게 주신 성性은 고귀한 것입니다. 부정한 것이 아닙니다. 부부가 누릴 수 있도록 주신 기쁨입니다. 이것을 함부로 사용하는 것이 문제입니다.

부부는 육체적으로 하나 될 뿐 아니라 정신적으로도 하나 되어야 합니다. 이를 위해 부부간에 대화가 필요합니다. 한국 부부의 하루 평균 대화시간은 10분이 안 된다고 합니다.

대화의 기본은 듣는 것인데 배우자의 이야기를 잘 듣기 위해서는 남자와 여자의 특성을 알아야 합니다. 남자는 목적 지향적이고, 결과론적인 대화를 합니다. 여자는 과정을 중시합니다. 남자는 여자가 이런저런 푸념을 늘어놓으면 이렇게 말합니다. "그래서 어쩌라고? 뭘 어떻게 해주면 돼? 그래서 결론은 돈 더 벌어오란 말이야?" 이런 식입니다. 실제로 여자는 남자가 자기 마음을 이해해주길 바라며 하는 말입니다. 함께 공감해달라는 것입니다. 운동을 하다가도 누가 다치면 남자들은 그 사람을 빼고 다른 사람 들어오라고 합니다. 끝까지 승부를 내야 직성이 풀리기 때문입니다. 하지만 여자들은 다친 사람을 돌보느라 하던 시합을 멈춥니다. 서로의 특성을 알아야 대화할 수 있고 정신적으로 한 몸을 이룰 수 있습니다.

더 나아가 부부는 영적으로 하나 되어야 합니다. 함께 신앙생활하는 것이 매우 중요합니다. 영적으로 서로 소통할 수 있어야 온전한 한 몸이 됩니다. 신앙이 다르면 깊은 대화를 하기 힘듭니다. 신앙이 다른 두 사람이 결혼할 때 생기는 내적인 갈등들이 있습니다. 러시아 출신의 미국 사회학자 피트림 소로킨 Pitirim Sorokin, 1889~1968 이 조사한 바에 의하면 미국의 이혼율이 보통 다섯 명 중 두 명 꼴, 2.5:1이라고 합니다. 그런데 부부가 다 그리스도인이고 매일 함께 성경을 읽고 기도하는 부부, 즉 가정예배를 드리는 부부가 이혼하는 경우는 1,015:1이라고 합니다. 하나님이 남편과 아내의 중재자가 되시고, 한 성령께서 각자의 마음 가운데 감동을 주시며, 선택의 순간마다 인도하시는데 행복하지 않을 수 있을까요?

▌부모를 떠나라

부부는 영육혼이 하나가 되어야 하는데 그러기 위해서 성경은 부모를 떠나라고 말씀하고 있습니다. "남자가 부모를 떠나 그의 아내와 합하라"고 했습니다. 부모를 버리거나 관계를 끊으라는 말이 아닙니다. 결혼은 떠남을 통해 이루어지는 부부간의 친밀한 연합인 것입니다. 여기엔 세 가지 떠남이 필요합니다.

첫째, 정서적 떠남입니다. 부모와의 감정적 동화로부터 벗어나는 것을 말합니다. 결혼한 후에 우리 아버지는 내게 이렇게 해주셨는데, 혹은 우리 엄마는 음씩 솜씨가 좋았는데 하는 식으로 배우자에게 말하는 것은 서로 상처가 됩니다. 또한 부모를 통해 상처를 받았다면 거기서 떠나야 합니다. 아버지의 폭력과 폭언에 시달리던 여성이 결혼하면 남자를 쉽게 받아들이지 못하는 경향이 있습니다.

그 상처와 아픔에서 떠나야 한 몸을 이룰 수 있습니다.

둘째, 관계적 떠남입니다. 부모의 시각으로 배우자를 바라보지 않는 것이 중요합니다. 부모의 생각, 견해, 행동보다는 배우자의 의견을 더 중요시해야 합니다. 부모님은 자신의 생각을 아들이나 딸에게 심어주기보다 홀로서기를 할 수 있도록 도와주어야 합니다. 부모의 입장에서 자신의 배우자를 보는 시각을 버리고 배우자의 입장에서 자신의 부모를 보는 시각을 가져야 합니다.

셋째, 경제적 떠남입니다. 경제적 떠남이 없이는 완전한 독립은 결코 있을 수 없습니다. 아무리 감정적·관계적으로 독립되어 있다 할지라도 부모로부터 경제적 도움을 받으면 늘 부모의 그늘에서 벗어나지 못합니다. 상황에 따라 일시적 도움을 받을 수는 있겠지만 한 가정을 온전히 이루기 위해서는 경제적 능력을 반드시 갖출 필요가 있습니다. 부모의 유산을 나의 재산으로 생각하는 것 자체가 성경적이지 못합니다. 떠나야 합니다.

부모를 떠나서 한 몸을 이룬 남녀는 부끄러움이 없습니다. 서로 벌거벗었어도 부끄러워하지 말아야 합니다. 부부는 서로 부끄러움이 없어야 하며, 설혹 부끄러운 부분이 있다면 즉시 사죄해야 합니다.

▎주 안에서 이루는 행복한 가정

결혼하는 사람들에게 "왜 결혼하십니까?"라고 물으면 대개 "사랑하기 때문에"라고 대답합니다. 정답 같아 보이지만 위험한 생각입니다. '○○○ 때문에'란 생각 자체가 일종의 조건입니다. 사랑하기 때문에 결혼한다는 말은 살다가 사랑이 식으면 이혼할 수 있다는 의미도 됩니다. 우리는 '사랑하기 때문에'가 아니라 '사랑하기 위해서'라고 말해야 합니다. ○○○을 위한다는 말은 목적을 지향한다는 뜻입니다. 결혼은 어떤 조건 때문에 하는 것이 아니라 목적을 위해서 해야 합니다. 사랑하기 위해서, 섬기기 위해서, 돕기 위해서 하는 것입니다. 이것이 진짜 사랑입니다.

아담이 하와에게 "이는 내 뼈 중의 뼈요 살 중의 살이라"고 고백했습니다. 이 말은 "네가 곧 나다"라는 고백입니다. 부부는 한 몸입니다. 아내를 아끼는 것이 남편 자신을 아끼는 것입니다. 남편을, 아내를 사랑하는 것이 자신을 사랑하는 것입니다. 서로 덕을 보려는 생각을 버리고 상대방을 내 몸처럼 사랑하는 부부가 되어야 합니다. 하나님이 우리를 사랑하시듯이 서로를 사랑해야 합니다. 그것이 하나님이 가정을 창조하신 뜻에 따라 사는 길입니다.

2

내 백성을 애굽에서
인도하여 내리라

출애굽의 여정

고통 중에 부르짖으라 _출 1:8~14, 렘 33:3

"너는 내게 부르짖으라 내가 네게 응답하겠고 네가 알지 못하는 크고 은밀한 일을 네게 보이리라" _렘 33:3

▌출애굽기, 인류 구원의 역사

성경 중에 중요하지 않은 책이 어디있겠습니까마는, 출애굽기는 하나님의 구원 섭리를 이해하는 데 매우 중요한 책입니다. 출애굽기는 단순히 애굽을 탈출한 노예들의 이야기나 이스라엘의 역사에 한정된 책이 아닙니다. 우리는 출애굽기를 통해 이스라엘 백성을 구원하신 하나님의 섭리를 넘어, 온 인류를 죄에서 구원하시는 하나님의 섭리를 발견할 수 있습니다. 또한 약속의 땅, 가나안으로 향하는 이스라엘의 여정을 읽어가며 죄 많은 세상에서 영원한 하나님 나라로 향하는 성도들의 구원 여정에 대해 묵상하게 됩니다.

　이스라엘 백성들이 노예살이 하던 애굽 땅은 오늘 우리가 살고 있는 '세상'입니다. 출애굽 여정은 신앙으로 치열하게 살아가는 성도들의 인생 여정이며, 약속의 땅 가나안은 하나님 나라를 의미합니다. 모세는 출애굽 이후 이스라엘 백성을 곧바로 가나안으로 인도하지 않았습니다. 하나님께서 백성들을 준비시키시기 위해 '광야'라는 훈련장으로 부르셨기 때문입니다.

출애굽의 목적은 단지 노예에서 해방되는 것이 아니었습니다. 모세가 바로에게 백성들을 데리고 애굽을 떠나야 하는 이유로 무엇을 꼽았는지를 주목해보아야 합니다.

"그들이 이르되 히브리인의 하나님이 우리에게 나타나셨은즉 우리가 광야로 사흘길 쯤 가서 우리 하나님 여호와께 제사를 드리려 하오니 가도록 허락하소서 여호와께서 전염병이나 칼로 우리를 치실까 두려워하나이다."_출 5:3

출애굽의 목적은 여호와께 제사드리기 위해서였습니다. 모세는 바로에게 하나님을 예배하도록 이스라엘을 놓아달라고 말한 것입니다. 하나님은 이스라엘 백성을 가나안 땅에 바로 보내지 않으시고, 먼저 예배자가 되도록 훈련시키셨습니다. 가나안 땅에 들어가기 위해 하나님 백성이 해야 할 첫 번째 사명은 하나님을 예배하는 것이었습니다. 오늘날 우리가 죄 된 세상에서 떠나 하나님 나라를 향한 여정을 시작하는 것 역시 하나님께 예배드리기 위해서입니다. 예배하는 백성이 가나안 땅에 들어갈 수 있습니다. 이 땅에서 하나님을 예배하는 사람이 하나님 나라 백성이 될 수 있습니다.

애굽 땅은 하나님을 예배할 수 없는 땅이었습니다. 이스라엘 백성들은 애굽에서 온갖 신들에 둘러싸여 있었습니다. 하나님은 우상을 예배하는 자리에서 이스라엘을 이끌어내어 하나님을 예배하는 자리로 옮기셨습니다. 우리가 교회에 나오는 이유, 신앙생활을 하는 이유는 하나님께 예배드리기 위함입니다. 죄로 물든 세상은 하나님을 예배하지 않습니다. 오히려 하나님께 예배하는 것을 방해합니다. 돈과 권력, 명예를 탐하며 섬깁니다. 물질적인 성공을 최고의 가치로 여깁니다. 우리는 세상의 수많은 우상들에 노출되어 있습니다.

부족한 면도 많고 다소 부정적인 여론이 있음에도 불구하고, 교회가 이 땅의 소망인 이유는 하나님을 예배하는 곳이기 때문입니다. 김병삼 목사님(만나교회)은 《교회가 이 땅의 희망입니다》라는 책에서 '소망이 되는 교회의 일곱 가지 지침'에 대해 썼습니다. 그 중 첫 번째 지침으로 꼽은 것이 '기본으로 돌아가라Back to the Basic'는 것인데 그 기본이 바로 하나님께 드리는 예배입니다. 하나님께 예배하는 교회에 소망이 있습니다. 하나님께 예배드리는 가정, 직장, 학교, 삶의 현장에 소망이 있습니다.

출애굽의 목적지인 가나안은 진정한 예배자를 위해 예비하신 곳입니다. 이제 이스라엘은 하나님을 예배하기 위해 출애굽을 시작합니다. 고통 속에서 하나님께 부르짖는 것, 그것이 출애굽의 첫걸음이었습니다.

▌애굽의 부르짖음

'아랍의 봄'을 기억하십니까? 2010년 말 튀니지에서 시작되어 아랍 중동 국가 및 북아프리카로 확산된 반_反정부 시위 및 대대적인 민주화 운동을 이르는 말입니다. 당시 인터넷과 SNS를 중심으로 소식이 급속하게 번지면서, 중동·아프리카의 아랍 국가뿐 아니라 유럽과 아시아, 우리나라에까지 큰 관심을 일으킨 사건이었습니다. 당시 같은 아랍권이었던 이집트에서도 무바라크 정권의 퇴진을 요구하는 반정부 시위와 민주화 운동이 들끓었습니다. 부르짖는 시민들의 목소리가 거리를 가득 채웠습니다.

구약 시대 이집트에서도 울부짖는 이스라엘 백성들의 소리가 가득했습니다. 요셉이 국무총리였던 시절 애굽 땅에 들어간 이스라엘은 비옥한 땅 고센에 거하며 풍요롭게 살았습니다. 그 후 오랜 기간 그곳에 머물며 자손을 낳고 큰 공동체를 이루었습니다. 그러나 요셉이 세상을 떠난 이후 요셉을 알지 못하는 새로운 통치자가 등장하자 상황이 달라졌습니다. 전쟁 포로나 이민족들과 더불어 이스라엘도 점점 노예의 처지로 밀려나게 되었고 건축 현장에 투입되어 고된 노동에 시달려야 했습니다. 이스라엘 민족의 번성을 두려워 한 파라오는 영아 학살 명령까지 내렸습니다. 요셉 시대에 누렸던 영화는 온데간데없이 사라지고 말할 수 없는 고통의 시간만이 계속되었습니다. 결국 이 고통으로부터 출애굽 Exodus 사건이 시작됩니다.

고통은 새 역사를 준비하는 시간이다

고통이란 화분 속에서 희망이란 꽃이 자랍니다. 애벌레는 고치의 과정을 통과해야 나비가 될 수 있습니다. 예수님의 십자가 고통이 인류를 구원하는 희망이 되었습니다. 고통은 새 역사를 준비하는 시간입니다. 애굽 땅에서 편하게 살던 이스라엘 백성들이 노예로 전락하여 중노동하는 신세가 된 것은 분명 큰 고통입니다.

"감독들을 그들 위에 세우고 그들에게 무거운 짐을 지워 괴롭게 하여 그들에게 바로를 위하여 국고성 비돔과 라암셋을 건축하게 하니라."

_출 1:11

국고성 비돔과 라암셋은 당시 바로였던 람세스가 전쟁을 대비해서 식량이나 무기 등을 비축해놓기 위해 건축한 창고입니다. 현장에 투입된 이스라엘 백성들의 고생은 이루 말할 수 없었을 것입니다. 그러나 그 고통이 이스라엘의 새 역사를 준비했습니다. 만일 이스라엘 백성들의 번영이 계속되었다면 그들은 애굽 땅을 떠나지 않았을 것입니다. 고통이 그들로 하여금 애굽을 떠나 약속의 땅 가나안을 향하도록 했습니다. 어린아이들도 심하게 앓고 나면 부쩍 큰다고 합니다. 때로 고통은 고통 자체로 존재하는 것이 아닙니다. 더욱 깊고 넓어지기 위한 성장통이 되기도 하며 새 역사를 품은 생명의 터전이 되기도 합니다.

▍고통은 기도의 시간이다

고통에 대한 반응은 사람마다 다릅니다. 그리고 어떻게 반응하느냐에 따라 그 사람의 인생이 달라집니다. 누군가는 원망하고, 누군가는 주저앉습니다. 그러나 참신앙인은 고통의 때에 기도합니다. 국고성을 건축하는 동안 이스라엘 백성들은 하나님께 간절히 부르짖었습니다.

> "여호와께서 이르시되 내가 애굽에 있는 내 백성의 고통을 분명히 보고 그들이 그들의 감독자로 말미암아 부르짖음을 듣고 그 근심을 알고 내가 내려가서 그들을 애굽인의 손에서 건져내고 그들을 그 땅에서 인도하여 아름답고 광대한 땅, 젖과 꿀이 흐르는 땅 곧 가나안 족속, 헷 족속, 아모리 족속, 브리스 족속, 히위 족속, 여부스 족속의 지방에 데려가려 하노라." _출 3:7~8

이스라엘은 고통의 때에 하나님께 부르짖었고 하나님께서는 백성들의 부르짖음을 들으셨습니다. 이스라엘은 고통 앞에, 민족의 위기 앞에 부르짖어 기도했습니다. 우리가 부르짖을 때 하나님은 가만히 계시는 분이 아니십니다. 우리의 기도와 부르짖음에 귀 기울이고 응답하시는 분입니다. 하나님은 친히 이스라엘을 구원하겠다고 말씀하셨습니다. "내가 직접 내려가서, 애굽의 손에서 건져내고, 젖과 꿀이 흐르는 가나안으로 인도할 것이다."

고통의 때는 외롭고 괴롭습니다. 물질로 인한 고통이든, 건강 문제로 인한 고통이든, 가족으로 인한 고통이든 괴롭습니다. 하지만 하나님은 우리의 고통을 알아주는 분이십니다. 고통의 때는 하나님께 부르짖는 기도의 시간입니다. 하나님을 깊이, 구체적으로 만날 수 있는 때입니다.

▌고통 중에 부르짖는 기도

경기도 연천에 있는 군남교회를 섬길 때의 일입니다. 부임한 지 얼마 되지 않았는데 교인들로부터 교회 건축에 대한 이야기가 나왔습니다. 오래전부터 교회를 건축하려다가 마침 연천에 물난리가 나는 바람에 시작을 못했던 것입니다. 건축위원회가 구성되고 업자를 선정했습니다. 그런데 업자가 선정되는 과정에서 문제가 있었습니다. 견적도 제대로 내지 않았고 너무 선심공세를 하는 것이 미심쩍었습니다. 하지만 업자와 알고 지내던 건축위원들이 많았던지라 그냥 진행하자는 의견이 대부분이었습니다. 건축을 시작했지만 작업은 좀처럼 진척이 없었습니다. 업자는 이 핑계 저 핑계로 공사를 미루더니 자재비가 올라 예산이 더 필요하다고 했습니다. 건축위원들은 자재비가 더 오르면 우리가 손해니 업자가 요구한 대로 그냥 주자는 결정을 내렸습니다. 저는 당초 계약 조건대로 진행하려던 뜻을 철회하고 건축위원회의 결정을 따랐습니다. 그런데 그 후 건축업자는 영영 보이지 않았습니다. 베트남으로 도망갔다는 소식을 들었습니다.

땅이 꺼질 것 같은 기분이었습니다. 건축위원들은 업자를 고발하자고 했지만 저는 소용없는 일임을 알았기 때문에 만류했습니다.

그러자 제가 업자와 한통속이 아니냐는 소문이 돌았습니다. 교인들에 대한 배신감이 얼마나 컸던지 교회를 떠나고 싶을 정도였습니다. 저는 그날부터 하나님 앞에 엎드렸습니다. 그 전까지는 하나님께 드리는 기도는 적당히 하고, 건축비를 충당하기 위해 이 교회 저 교회, 이 사람, 저 사람을 쫓아다녔습니다. 인간적인 방법으로 계산했고 건물 짓는 일에 몰두했습니다. 하지만 고통이 몰려오자 온전히 엎드릴 수밖에 없었습니다. 기도하는데 눈물만 났습니다. 그냥 기도가 아니라 괴로운 심정 전부를 토해내는 기도였습니다.

돈도 잃고 사람도 잃은 참담한 심정은 겪어보지 않으면 알 수 없습니다. 무척 괴로웠습니다. 쓰디쓴 약을 입 안에 털어넣은 듯, 입 안의 쓴 기운이 가시지 않았습니다. 그런데 바로 그때가 기도할 때라는 것을 저는 깨달았습니다. 사기 친 사람, 내게서 등을 돌리고 비방한 사람들의 멱살을 잡고 싶은 심정이었지만, 바로 그 때가 뒤로 물러나 침묵하며 기도해야 할 때라는 사실을 깨달았습니다. 사탄은 원망하게 만들고, 욕하게 만들고, 싸우게 만듭니다. 하지만 그것은 하나님의 방법이 아닙니다. 하나님의 방법은 '기도'입니다.

홀로 앉아 하나님께 간절히 부르짖으며 기도하자, 컨테이너 예배당으로 한 사람, 한 사람, 교인들이 모이기 시작했습니다. 함께 울며 기도하는 이들이 늘어가기 시작했습니다. 아이가 울면 엄마가 얼른 젖을 줍니다. 이처럼 하나님도 자녀의 눈물에 한없이 약한 분이십니다. 이스라엘도 고통 속에서 얼마나 많이 울었을까요? 하나님은 그들의 울부짖음과 눈물을 지나치지 않으셨습니다.

하나님께서 제 마음에 감동을 주셨습니다. 제가 먼저 건축헌금을 작정했고, 교인들도 이어서 감동적인 헌금을 해주었습니다. 땅을 파신 분, 자기 집을 담보로 대출을 얻어 헌금하시는 분, 적금 통장을 털어서 바치는 분들이 생겼습니다. 신기한 것은 여기저기 찾아다니며 도움을 요청할 때는 어렵다고 하셨던 목사님들과 교회들이 십시일반 건축 헌금을 보내주신 일이었습니다. 사람의 손길도 하나님으로부터 온다는 사실을 다시 한 번 깨닫는 순간이었습니다. 하나님은 이전에 잃어버린 물질보다 훨씬 많은 물질로 채워주셨습니다. 하나님 은혜로 군남교회는 2002년에 건축과 봉헌을 모두 마칠 수 있었습니다. 고통 중에 부르짖었을 때 하나님은 응답하셨고, 고통의 상황을 '엑소더스' 할 수 있도록 인도하셨습니다.

▎부르짖음, 고통의 땅에서 출애굽 하는 길

고통의 시기에 걱정과 염려는 시간 낭비입니다. 그래서 사도 바울은 옥중에서도 자신을 걱정해주는 빌립보 교인들에게 이렇게 말합니다.

> "아무것도 염려하지 말고 오직 모든 일에 기도와 간구로 너희 구할 것을 감사함으로 하나님께 아뢰라 그리하면 모든 지각에 뛰어난 하나님의 평강이 그리스도 예수 안에서 너희 마음과 생각을 지키시리라."
>
> _빌 4:6~7

기도의 사람은 걱정을 맡기는 사람입니다. 그럼에도 불구하고 감사하는 사람입니다. 그럴 때 고통의 시간이 평강으로 바뀝니다. 부르짖는 기도는 하나님의 응답을 이끌어냅니다. 하나님은 "너는 내게 부르짖으라 내가 네게 응답하겠고 네가 알지 못하는 크고 은밀한 일을 네게 보이리라"(렘 33:3)고 말씀하십니다. 인생 여정에 늘 평탄한 길만 있는 것은 아닙니다. 예상치 못한 고통의 때도 있을 것입니다. 이스라엘은 생각지 못했던 고통을 만났을 때 하나님께 부르짖었고, 하나님은 모세를 보내 출애굽 역사를 이루셨습니다.

우리에게도 생각지 못한 고통이 찾아올 때가 있습니다. 그때가 바로 부르짖어 기도할 때입니다. 시급하면 시급한 만큼 걱정하고 원망만 할 것이 아니라 부르짖어 기도해야 합니다. 하나님께 SOS를 보내십시오. 하나님은 당신의 자녀가 위기에 처했을 때, 부르짖어 하나님을 찾을 때 침묵하시는 분이 아닙니다. 우리의 작은 신음에도 귀 기울이고 응답하시는 분입니다.

이스라엘에게 노예생활의 고통이 있었기 때문에 출애굽이 있었습니다. 애굽에서 편히 살다가 죽으면 그만이란 생각은 가장 안일한 삶의 자세입니다. 애굽은 생명의 땅도, 영광의 땅도 아닙니다. 죄악의 땅이며, 고통의 땅입니다. 벗어나야 할 땅입니다. 우리는 애굽 땅에 안주하지 말고 하나님께서 예비하신 땅을 바라보아야 합니다. 우리가 고통 가운데서 부르짖어 기도하면 하나님께서는 반드시 응답하시고 구원하실 것입니다.

희망을 건져 올려라 _출 2:1~10

"그 아기가 자라매 바로의 딸에게로 데려가니 그가 그의 아들이 되니라 그가 그의 이름을 모세라 하여 이르되 이는 내가 그를 물에서 건져내었음이라 하였더라" _출 2:10

▎하나님의 방법은 '사람'입니다

영국인 선교사 허드슨 테일러James Hudson Taylor, 1832~1905 는 51년 동안 중국에서 선교했습니다. 중국인처럼 옷을 입고, 먹고, 함께 생활했습니다. 중국 사람들은 지금도 그를 존경합니다. 중국 정부는 허드슨 테일러가 중국의 근대화에 기여한 공로를 인정하여 그의 전기를 출간해주기도 했습니다. 허드슨 테일러를 통해 800명 이상의 선교사가 나왔습니다.

어느 날 그를 존경하는 후배 선교사가 물었습니다. "선교사님, 중국에서 그토록 놀라운 선교를 할 수 있었던 비결이 무엇입니까?"

그러자 테일러는 대답했습니다. "하나님의 방법은 사람입니다."

우리는 어떤 일을 할 때 먼저 노하우를 찾지만, 노하우보다 중요한 것은 그것을 행하는 사람입니다. 《기도의 능력》을 쓴 에드워드 바운즈Edward McKendree Bounds, 1835~1913는 이런 이야기를 했습니다. "하나님의 계획은 사람을 중시한다. 사람이 하나님의 방법인 것이다. 교회는 더 나은 방법을 찾고 있지만 하나님은 더 나은 사람을 찾고 계신다. 오늘날 교회가 필요로 하는 것은 더 많은 기계나 더 좋은 기계도 아니요 성령이 쓰실 수 있는 사람, 즉 기도의 사람, 기도에 능한 사람이다. 성령은 방법을 통해서 흘러나오지 않고 사람을 통해서 역사하신다. …… 성령은 계획에 기름을 붓지 않고 사람에게, 그것도 기도의 사람에게 기름을 부으신다."

날카로운 칼이 한 자루 있습니다. 이 칼이 좋은지 나쁜지는 그 칼을 든 사람이 누구냐에 따라 달라집니다. 그 칼이 강도에게 들려 있으면 사람을 상하게 하거나 해치는 일에 쓰일 것이요, 의사의 손에 들려 있으면 환자를 수술하고 치료하는 용도로 쓰일 것입니다. 엄마의 손에 들리면 맛있는 음식을 만드는 데 사용될 것입니다. 칼이 문제가 아니라 사람이 문제입니다. 돈도 마찬가지입니다. 돈은 중성이라 좋고 나쁜 것이 없습니다. 누구 손에 있느냐가 중요합니다.

하나님은 사람을 통해 일하십니다. 성경은 하나님의 이야기이면서 동시에 하나님이 쓰신 사람들의 이야기입니다. 그래서 사람이 희망입니다. 무엇보다 하나님께 붙들린 사람이 희망입니다.

▎모세를 통한 하나님의 구원 계획

이스라엘이 절망에 빠져 있던 애굽의 노예 시절, 하나님께서 희망의 도구로 사용하신 한 사람이 있었습니다. 바로 모세입니다. 요셉을 모르는 왕이 애굽을 다스리게 되면서 이스라엘 백성들은 노예가 되어 중노동에 시달리게 되었습니다. 그 와중에도 이스라엘은 계속하여 번성하고 강대해졌습니다. 급기야 바로는 모든 히브리 남자 아이들을 태어나는 즉시 죽이라는 명령을 내립니다. 그러나 히브리 산파들은 왕보다 하나님을 더 두려워했습니다. 그래서 왕의 명령을 어기고 이스라엘의 남자 아기들을 살렸습니다(출 1:17). 목숨을 건 산파들의 믿음과 용기는 본인과 이스라엘 민족 모두에게 복이 되었습니다. 하나님은 히브리 산파 십브라와 부아의 가문에 복을 주셨습니다.

"하나님이 그 산파들에게 은혜를 베푸시니 그 백성은 번성하고 매우 강해지니라 그 산파들은 하나님을 경외하였으므로 하나님이 그들의 집안을 흥왕하게 하신지라."_출 1:20~21

또한 그들이 살린 아기들 중에 모세가 있었으니 장차 이스라엘을 구원하기 위한 하나님의 도구였습니다.

모세는 이스라엘의 열두 지파 중, 레위 지파에서 출생했습니다. 그의 부모는 세 달 정도 아이를 숨겨 키웠지만 점점 커지는 울음소리에 뭔가 다른 방법을 마련해야만 했습니다. 아이의 울음소리가 커지면서 더 이상 숨길 수 없는 상황이 되자 갈대 상자를 만들어 그 안에 모세를 넣고 나일 강에 띄웠습니다. 그 갈대 상자는 나일 강을 따라 흘러가다가 마침 목욕하러 나왔던 애굽 공주에게 발견되었습니다. 공주는 갈대 상자에 담긴 아이가 히브리 아이인 것을 알았습니다. 그러나 불쌍히 여기는 마음이 들어 아이를 거두게 됩니다.

애굽의 공주가 나일 강에 목욕하러 온 시간, 모세가 담긴 갈대 상자를 발견한 시간, 그것은 결코 우연이 아닙니다. 하나님께서 이스라엘을 구원하시기 위해 예비하신 시간이었습니다. 모세는 기막힌 타이밍에 애굽의 공주에게 건짐을 받았습니다. 인생은 타이밍입니다. 때를 잘 만나면 살고, 놓치면 죽습니다. 때를 얻으면 성공하고 놓치면 실패합니다. 모든 시간은 하나님께 속해 있으며 하나님은 시간의 주관자가 되십니다. 타이밍은 하나님이 주시는 기회입니다. 우리의 삶 속에서 하나님이 역사하시는 시간, 그 시간이 바로 카이로스의 시간입니다. 하나님의 때, 하나님의 기회에 우리의 인생을 조정할 때 참된 성공과 행복을 얻게 됩니다. 하나님의 시간과 타이밍에는 실수가 없습니다. 실패가 없습니다.

모세가 애굽의 공주에게 발견된 때를 놓치지 않고 등장한 인물이 있습니다. 모세의 누이 미리암입니다. 갈대 상자를 계속 따라왔던 미리암은 공주에게 모세의 친모 요게벳을 유모로 소개해줍니다. 그로 인해 요게벳은 애굽의 궁궐에 들어가 유모로서 모세를 양육하게 됩니다. 공주가 물에서 건져 올리며 '모세'라고 이름 붙인 이 아이는 훗날 이스라엘을 절망 가운데 건져내는 구원의 희망, 하나님의 도구가 됩니다. 엑소더스의 희망 모세는 이렇게 태어났습니다.

모세의 출생은 하나님의 구원 계획입니다. 하나님은 80년 후에 이루실 큰 뜻 가운데 모세를 지으시고 매순간 하나님의 섭리 가운데 인도하셨습니다. 애굽에서 노예생활을 하던 이스라엘 백성들을 구원해 약속의 땅 가나안으로 인도하기 위해 모세를 준비해두셨습니다. 모세는 애굽 왕 바로의 궁궐에서 40년, 미디안 광야에서 40년 세월을 보냈습니다. 이 기간은 모세를 지도자로 훈련시키시는 기간이었습니다. 사람이 보기에 무의미한 시간 같지만 하나님은 그런 시간들을 통하여 다듬으시고, 훈련하시어 하나님의 사람으로 만드십니다.

하나님의 섭리 가운데 훈련된 사람이 이 시대의 희망입니다. 내가, 혹은 내 자녀들이 앞으로 수십 년 후에 하나님께 어떻게 쓰임을 받을지 지금은 모릅니다. 하나님께서는 때가 되었을 때 훈련된 사람, 준비된 사람들을 들어 쓰십니다.

▌좋은 신앙의 가문을 만들라

모세의 아버지 아므람은 레위의 증손이며 고핫의 아들이었습니다. 어머니 요게벳 역시 레위 지파 사람이었습니다(민 26:59, 대상 6:3). 모세는 세상에 나오자마자 애굽의 명령에 의해 죽을 수밖에 없는 노예 민족 출신으로 태어났습니다. 그의 부모들은 아들을 숨겨서 키워야만 하는 애굽의 노예였습니다. 모세는 주류가 아닌 비주류의 운명으로 태어난 것입니다.

그런데 유대 역사가 요세푸스Flavius Josephus, 37~100는 모세의 아버지 아므람을 '훌륭한 가문의 사람'이라고 기록했습니다. 모세의 가정은 당시 사회적·정치적 지위의 관점에서는 비주류인 사람들이었지만 신앙의 관점에서 본다면 주류였습니다. 단지 혈통적·지파적 조건에서 주류인 것이 아니라 '믿음'의 관점에서 주류였다는 것입니다. 실제 모세의 부모는 히브리서 11장에 기록된 믿음의 영웅들에 언급되고 있습니다.

> "믿음으로 모세가 났을 때에 그 부모가 아름다운 아이임을 보고 석 달 동안 숨겨 왕의 명령을 무서워하지 아니하였으며."_히 11:23

여기서 "아름다운 아이임을 보고"라는 것은 모세의 외형적인 아름다움만 의미하는 것이 아닙니다. 영어 성경에 보면 'He was a godly child"KJB라고 했습니다. 이 말은 모세가 '신성한 아이' 즉, 장차 하나님의 일을 훌륭하게 감당할 자로서 뛰어난 용모를 지닌 아이였다는 의미가 있습니다. 아므람과 요게벳은 믿음의 사람들로 모세를 하나님이 주신 아이라고 믿었습니다. 그리고 그 아이가 범상치 않다는 것도 알았습니다. 그래서 목숨 걸고 키웠습니다. 나중엔 갈대 상자에 넣어 나일 강에 띄웠습니다. 하나님의 도구로 쓰임받은 모세의 뒤에는 신앙의 안목과 담대함을 지닌 부모가 있었습니다. 믿음의 부모를 통해 믿음의 자녀들이 양육됩니다.

신앙의 가문에서 태어나는 것은 큰 축복입니다. 부모님으로부터 신앙의 유산을 물려받은 자녀들은 기도로 후원하는 귀한 부모님을 주셨음에 감사해야 합니다. 그리고 우리를 통하여 우리 자손들에게 신앙의 유산이 전해지도록 노력해야 합니다.

사도 바울은 전도 여행 중에 루스드라에서 청년 디모데를 만나 "이는 네 속에 거짓이 없는 믿음이 있음을 생각함이라 이 믿음은 먼저 네 외조모 로이스와 네 어머니 유니게 속에 있더니 네 속에도 있는 줄을 확신하노라"(딤후 1:5)라며 신앙을 유산으로 이어받은 디모데의 믿음을 칭찬했습니다.

만일 우리가 신앙의 유산을 온전히 물려받지 못했다면, 우리 자녀가 훌륭한 신앙의 유산을 받을 수 있도록 더욱 힘써 믿음을 지켜 나가고, 신앙의 본을 보여야 합니다. 그로 인해 내 자녀가 믿음 안에서 신앙의 유산을 물려받고, 신앙의 가문을 이어갈 수 있도록 인도해야 합니다. 그럴 때 자녀에게, 혹은 그 후대에 모세와 같은 쓰임받는 지도자를 배출할 수 있게 될 것입니다.

▎구원의 상징, 갈대 상자

"더 숨길 수 없게 되매 그를 위하여 갈대 상자를 가져다가 역청과 나무진을 칠하고 아기를 거기 담아 나일 강 가 갈대 사이에 두고." _출 2:3

모세의 부모는 더 이상 아이를 숨길 수 없게 되자 갈대 상자에 역청과 나무진을 칠하고 그 속에 모세를 담아 나일 강에 띄웠습니다. 여기서 '갈대 상자'라는 단어에 주목해야 합니다. 여기에 쓰인 히브리어 '테에바'라는 단어는 노아의 방주 이야기에 나오는 '방주'란 단어와 같습니다.(창 6:14, 7:1, 9:10). 모세를 구하기 위해 만들었던 갈대 상자는 노아의 방주처럼 역청까지 발라 물이 스며들지 않게 한 하나의 완전한 방주였습니다. 노아의 방주는 하나님의 은혜로 선택받은 사람들과 동물들을 구원한 방주이고, 본문에 나오는 갈대 상자는 이스라엘 백성들을 구원으로 이끌도록 준비된 모세가 구원받은 또 다른 방주였습니다.

방주는 교회의 예표입니다. 하나님은 오늘도 '교회'라는 구원의 방주를 통해 언약된 백성을 구하십니다. 노아 시대에는 잣나무로 만든 방주를 통해서(창 7:14) 새로운 희망을 창조하셨고, 모세 시대엔 갈대로 만든 방주를 통해서(출 2:3) 새로운 희망을 창조하셨습니다. 그리고 오늘날 하나님은 예수 그리스도의 보혈 공로로 '교회 방주'(엡 1:20~23)를 짓게 하시고 이를 통하여 택한 백성을 구원하고 계십니다(벧전 2:8~9).

갈대 상자가 희망의 끈이 되었듯이 교회는 이 시대의 희망이 되어야 합니다. 예수 그리스도를 통해 구원받을 수 있다는 복음을 계속 전해야 합니다. 교회는 이 복음을 전할 일꾼을 길러내야 합니다. 노아의 방주에도 물이 스며들지 않도록 역청을 발랐고, 모세의 갈대 상자도 물이 스며들지 않도록 역청과 진을 발랐습니다. 교회 역시 세속에 물들지 않도록 성경적인 가치관으로 무장해야 합니다. 예수의 보혈을 의지해야 합니다. 모세를 담은 갈대 상자가 이스라엘 백성에게 희망이었듯이 예수 향기를 풍기는 하나님의 사람을 길러내는 교회는 이 시대의 희망입니다.

▌말씀으로 자녀를 양육하라

"그의 누이가 바로의 딸에게 이르되 내가 가서 당신을 위하여 히브리 여인 중에서 유모를 불러다가 이 아기에게 젖을 먹이게 하리이까 바로의 딸이 그에게 이르되 가라 하매 그 소녀가 가서 그 아기의 어머니를 불러오니 바로의 딸이 그에게 이르되 이 아기를 데려다가 나를 위하여 젖을 먹이라 내가 그 삯을 주리라 여인이 아기를 데려다가 젖을 먹이더니." _출 2:7~9

모세의 누이 미리암은 모세를 담은 갈대 상자가 떠내려가는 것을 지켜보았습니다. 애굽의 공주가 갈대 상자를 발견했을 때 미리암은 히브리 유모로 모세의 생모를 소개했습니다. 모세의 어머니는 히브리 남자 아이들이 죽음을 맞는 상황에서도 모유를 먹이며 최고의 환경 가운데 아이를 양육할 수 있었습니다. 젖을 먹였다는 것은 단지 수유뿐 아니라 유아교육까지 시켰다는 의미가 있습니다. 모세가 궁중생활 40년 동안 히브리인으로서 민족정신을 잃지 않은 이유는 어머니의 유아교육 때문입니다.

어렸을 때부터 아이를 하나님의 말씀으로 양육하는 일은 얼마나 중요한 일인지 모릅니다. 구세군의 창설자 윌리엄 부스William Booth 1829~1912는 이렇게 호소했습니다. "마귀가 이 땅의 청소년들에게 손을 쓰기 전에 우리가 하루라도 먼저 우리의 자녀들에게 어서어서 손을 써서 가르쳐야 합니다."

우리 자녀들에게 말씀과 기도를 가르쳐야 합니다. 하나님의 말씀은 나침반입니다. 어디로 가야 하는지 방향을 가르쳐줍니다. 기도는 능력입니다. 바른 방향으로 갈 수 있는 힘입니다. 어려서부터 말씀과 기도의 습관을 배우는 가장 좋은 방법은 가족이 함께 모여 예배를 드리는 것입니다. 말씀과 기도가 살아 있는 가정, 하나님을 예배하는 가정에는 희망이 있습니다.

하나님의 방법은 사람입니다. 하나님은 큰 뜻 가운데 우리를 이 땅에 보내셨습니다. 훈련을 통해 준비시키시고 섭리 가운데로 우리를 인도하십니다. 교회와 믿음의 가정을 통해 시대의 희망을 건져 올릴 참믿음의 사람들이 배출되기를 희망합니다.

부르심에 응답하라 _출 3:1~5

"…… 하나님이 떨기나무 가운데서 그를 불러 이르시되 모세야 모세야 하시매 그가 이르되 내가 여기 있나이다 하나님이 이르시되 이리로 가까이 오지 말라 네가 선 곳은 거룩한 땅이니 네 발에서 신을 벗으라"

_출 3:4~5

▍하나님이 주신 소명을 분별하는 법

직업이라는 의미를 가진 단어 중에서 'vocation'이라는 단어가 있습니다. 이 말은 라틴어 '보카치오vocatio'에서 온 것인데 '부르심'이란 뜻입니다. 부르심을 소명召命이라고도 합니다. 가톨릭에서는 '성소聖召'라고 하는데 거룩한 소명, 즉 하나님의 부르심이란 뜻입니다. 사람들은 자신이 직업과 직장을 선택한다고 생각합니다. 그러나 단어에 담긴 뜻대로 하나님께서 일하도록 부르신 곳이 우리의 직장입니다. 하나님의 부르심에 응답하여 행하는 일은 거룩한 일,

즉 성직聖職입니다. 목사나 선교사와 같이 목양에 관련된 일을 하는 사람만 성직자라고 생각하는 사람들도 많은데, 그렇지 않습니다. 어떤 직업은 거룩하고 어떤 직업은 천한 것이 아닙니다. 목사든, 의사든, 청소부든, 세일즈맨이든, 주부든 상관없이 하나님의 부르심에 응답해서 하는 일은 모두 거룩한 일입니다.

소명 없이도 얼마든지 직업을 수행할 수 있습니다. 요즘은 직업이나 직장을 택하는 데 경제적인 기준이 많은 부분을 차지합니다. 그러나 믿는 사람들이 가장 중요하게 생각해야 할 점은 '하나님께서 나를 부르신 곳인가' 하는 점입니다. 소명을 갖고 일하는 사람은 왜 이 일을 해야 하는지 알기 때문에 업무에 대한 자부심과 일하는 방식, 이해도, 갈등 해소나 문제 해결 등에 좀 더 신중한 태도와 깊고 넓은 안목을 취할 수 있습니다. 더불어 즐거움과 보람을 갖고 일을 하기 때문에 업무적 차원에서나 개인적인 차원에서 보다 좋은 결과를 기대할 수 있습니다. 즐겁고 보람되게 적극적으로 일하며 문제의 요소들을 해결하고 발전해나가는 과정에서 분명 경제적인 성과도 얻게 될 것입니다.

출애굽기 3장 1~5절의 말씀은 모세가 호렙 산에서 소명을 받는 장면입니다. 미디안 광야에서 양을 치던 모세가 이스라엘 민족 해방의 리더로 부름을 받는 장면입니다. 일반적으로 학자들은 호렙 산과 시내 산을 동일한 곳으로 봅니다. 호렙 산맥 중에 가장 높은 봉우리가 시내 산이거나, 반대로 시내 산맥 중에 가장 높은 봉우리가 호렙 산이라고 생각합니다. 현재 호렙 산은 '모세의 산'이란 뜻을 지닌 제벨 무사 Jebel Musa로 불립니다. 높이는 해발 2,285미터인데, 1,530미터 지점에 유명한 성 캐서린 수도원이 자리하고 있습니다. 이곳은 성지순례를 하시는 분들이 꼭 들르는 곳으로 모세가 본 떨기나무가 있던 장소라고 전해집니다.

모세는 출애굽의 리더로서 하나님의 소명을 받았습니다. 자신이 선택한 길이 아니라 하나님의 주권적인 부르심이었습니다. 하나님의 소명은 우리의 의지에 부합할 때도 있지만 그렇지 않을 때도 있습니다. 하나님은 우리가 좋아하는 일로 부르실 때도 있지만 피하고 싶은 일로 부르실 때도 있습니다. 그러나 하나님의 부르심에 순종하면 나의 의지와 상관없이 소명을 감당할 힘이 생깁니다. 정확히 말하면 하나님께서 그 힘을 주십니다. 보람과 의미를 느끼게 됩니다. 헌신하고픈 열망이 생깁니다.

그렇다면 하나님의 소명을 어떻게 분별할 수 있을까요?

▌일상적인 생활에 성실하라

하나님의 소명이 임한 성경 인물들에게는 공통점이 있습니다. 일상 생활에 성실했다는 점입니다. 그렇다고 그들이 세상 사람들 보기에 꼭 성공적인 삶을 살았다는 의미는 아닙니다. 세속적인 면에서 특별히 내세울 만한 이력이 없는 사람들이 대부분입니다. 성실했지만 실패했을 수도 있습니다. 하지만 하나님은 불성실한 성공자보다는 성실한 실패자에게 소명의 기회를 주십니다. 성실함은 모든 사역의 필요조건이자 충분조건입니다.

다윗은 성경에 나오는 리더들 중에서도 손꼽을 만한 위대한 인물입니다. 하나님 마음에 합한 사람입니다. 하나님께서 그를 택하신 데는 이유가 있습니다.

> "또 그 종 다윗을 택하시되 양의 우리에서 취하시며 젖 양을 지키는 중에서 저희를 이끄사 그 백성인 야곱, 그 기업인 이스라엘을 기르게 하셨더니 이에 저가 그 마음의 성실함으로 기르고 그 손의 공교함으로 지도하였도다." _시 78:70~72/개역한글

하나님은 양을 돌보는 다윗의 모습을 보고 그를 이스라엘의 왕으로 택하셨습니다. 그는 마음의 성실함과 손의 공교함능숙함으로 양을 길렀습니다. 양을 기르는 일은 평범하고 작은 일입니다. 하나님은 그런 작은 일에 성실한 다윗을 이스라엘의 왕으로 삼으셨습니다. 작은 일에 충성된 자에게 큰일을 맡기신 것입니다(마 25:21~23). 성실함은 충성됨입니다. 충성이란 말은 영어로 'faithfulness'입니다. 믿을 만하다는 것입니다. 하나님께서 일상에 성실한 사람에게 소명을 주시는 이유는 믿을 만하기 때문입니다.

모세는 하나님의 소명을 받기 전까지 자기 일에 성실했습니다. 모세는 바로의 진노를 피하여 미디안으로 도망했습니다. 오늘날의 요르단 남쪽 지역으로 홍해와 가까운 곳입니다. 거기서 미디안 제사장 이드로를 만납니다. 이드로는 그에게 양 치는 일을 맡겼고 모세는 그 일을 성실하게 감당했습니다.

이드로란 단어는 이름이 아니라 '장관'을 뜻하는 일반적인 호칭입니다. 출애굽기 2장 18절에는 모세의 장인을 '르우엘'로 소개합

니다. '하나님의 벗'이란 기막힌 뜻입니다. 르우엘이 이드로의 실제 이름이라고 볼 수 있습니다.

모세를 눈여겨 본 이드로는 양치는 일을 맡겼을 뿐 아니라 자기 딸, 십보라를 아내로 주었습니다. 모세가 불성실한 사람이었다면 이드로가 딸을 주었을 리 없습니다. 모세는 십보라와 결혼해서 자식을 낳고 한 집의 가장으로 성실하게 살았습니다. 그는 두 아들을 낳았는데 큰 아들은 '나그네'라는 의미의 게르솜이고 작은 아들은 '하나님의 도우심'이란 의미의 엘리에셀입니다. 두 아들의 이름에서 모세의 40년 미디안 생활을 알 수 있습니다. 비록 모세는 광야에서 나그네가 되었지만 하나님의 도우심으로 은혜의 세월을 살아왔다고 고백한 것입니다.

믿음의 영웅들 중에는 성실하게 일상생활을 하다가 부름 받은 사람들이 많습니다. 특히 이스라엘의 사사들은 대부분 일상생활을 하다가 부름 받은 사람들입니다. 대표적으로 300명 용사로 수만 명의 미디안 군대를 물리친 기드온은 밭에서 밀타작을 하다가 하나님의 부르심을 받았습니다(삿 6:11). 또 아모스 선지자는 드고아의 목자로 있을 때 부름을 받았습니다(암 1:1). 베드로는 어부로 성실하게 일하던 중에 부름을 받았습니다(눅 5:1~10).

어떤 사람들은 사업하다가 실패하면 '하나님께서 신학교 가라는 뜻인가 보다'라고 착각하는 경우가 있습니다. 물론 본래 소명이 목회자인데 다른 길을 걷다가 실패를 통해 깨닫고 목회자의 길을 가는 경우도 있습니다. 실패한 사람도 하나님의 일을 할 수 있습니다. 하지만 나의 불성실로 인한 실패를 하나님의 소명과 달라 실패했다고 오해해서는 안 됩니다. 하나님은 성실하지 않은 사람에게 소명을 주시지 않습니다.

하나님의 인도에 마음을 열어라

하나님은 평범해도 성실한 사람에게 소명을 주십니다. 그런데 성실한 사람들이 소명에 응답하는 데 실패하는 경우가 많습니다. 그 이유는 일상적인 자기 삶에 빠져 있기 때문입니다. 그래서 하나님의 인도하심에 마음을 열지 못합니다. 우리는 일상생활에 성실해야 하지만 그렇다고 일상의 삶에 빠지는 것은 경계해야 합니다. 먹고사는 일에 지나치게 빠져 있지 말라는 의미입니다. 왜 사는지, 왜 하나님께서 먹을 것을 주시는지 깨달아야 합니다. 영적으로 깨어 있어야 합니다.

노아의 홍수가 일어나기 전, 노아는 사람들에게 곧 물로 멸망할 것이니 방주에 오르라고 외칩니다. 하지만 사람들은 노아를 미친 늙은이 취급했습니다. 그렇다고 그들이 불성실하게 산 것이 아니었습니다.

"홍수 전에 노아가 방주에 들어가던 날까지 사람들이 먹고 마시고 장가들고 시집 가고 있으면서 홍수가 나서 그들을 다 멸하기까지 깨닫지 못하였으니 인자의 임함도 이와 같으리라." _마 24:38~39

노아 시대 사람들은 열심히 살았습니다. 먹고, 마시고, 장가들고, 시집가는 것을 나쁘다고 말하는 것이 아닙니다. 그러나 이런 일상생활에 빠진 나머지 자신들의 죄를 회개하지 않았고, 하나님의 심판의 날을 깨닫지 못했습니다. 깨어 있지 못하면 하나님의 음성을 들을 수 없고, 하나님의 인도를 받을 수가 없습니다.

깨어 있는 사람들에겐 공통점이 있습니다. 바로 일상생활 속에서 하나님의 뜻을 분별한다는 것입니다. 평범함 속에서 비범함을 본다는 것입니다. 똑같은 하루하루라 할지라도 하나님의 은혜에 경이로움을 표현할 줄 안다는 것입니다. "오늘은 어제 죽은 사람이 그렇게 살고 싶어 했던 내일"입니다. 그러니 오늘 우리가 이렇게 존재한다는 것이 얼마나 큰 은혜입니까? 이것을 깨닫고 감사할 수 있는 사람에게 하나님은 소명을 주십니다.

"여호와의 사자가 떨기나무 가운데로부터 나오는 불꽃 안에서 그에게 나타나시니라 그가 보니 떨기나무에 불이 붙었으나 그 떨기나무가 사라지지 아니하는지라."_출 3:2

떨기나무는 일종의 아카시아과에 속하는 가시나무로 광야에서 흔히 볼 수 있습니다. 미디안 광야에서 40년 동안 양치기 생활을 했던 모세에게 떨기나무는 특별할 것이 없었습니다. 그런데 모세는 평범한 떨기나무에서 경이로운 현상을 발견합니다. 평범한 떨기나무에 불이 붙었는데, 타지는 않는 것입니다. 떨기나무라는 일상성 속에서 불에 타지 않는 떨기나무의 경이로운 모습을 발견했습니다.

모세는 여기서 멈추지 않고 그 원인을 알고자 떨기나무 가까이

다가갔습니다.

> "이에 모세가 이르되 내가 돌이켜 가서 이 큰 광경을 보리라 떨기나무
> 가 어찌하여 타지 아니하는고 하니 그 때에." _출 3:3

모세는 그 신기한 광경에서 물러난 것이 아니라 그 광경을 보기
위해 더 가까이 다가갔습니다. 하나님의 소명에 응답하는 사람은
평범함 속에 경이로움을 보는 사람이고, 그 경이로움에 더 가까이
다가가는 사람입니다. 경이로움에 감격할 줄 아는 민감성이 있는
사람입니다.

한 TV 예능프로에서 출연자들이 설악산을 종주하는 과정을 본
적이 있습니다. 한겨울에 설악산을 종주하기란 정말 쉽지 않은 일
입니다. 추위와 싸워야 하고, 자신의 한계와 싸워야 하는 과정입니
다. 저는 특별히 출연자들이 설악산을 종주한 다음 날 새벽에 일어
나 설악산 최고봉인 대청봉에 올라 떠오르는 태양을 바라보는 장면
이 감동적이었습니다. 일출은 일상적인 일이며, 매일 경험하는 일
입니다. 그러나 한겨울, 고된 등산 끝에 설악산 대청봉에서 맞이한
일출은 남달랐을 것입니다. 경이로운 눈빛으로 태양을 바라보는 출
연자들의 눈에 어느새 눈물이 그렁그렁 맺혔습니다. 그 모습을 보
는 저도 괜히 눈물이 났습니다. TV를 통해 간접적으로 경험해도 감
동적인데 그 자리에 있었다면 얼마나 감격스러웠을까요? 저도 해
보고 싶다는 마음이 들었습니다.

우리는 매일 일출을 경험합니다. 하지만 너무 일상적이라 해가

떠오르는지조차 모르고 삽니다. 늘 있는 일이라 특별할 것이 없습니다. 우리가 하나님의 음성에 마음을 열고, 하나님의 섭리에 우리를 개방하면 일상 속에서 하나님이 주시는 메시지를 발견할 수 있습니다. 우리는 매일 식사를 합니다. 하루 세 끼씩 먹으니 매일이라는 말도 무색하게 자주, 일상적으로 식사를 합니다. 그런데 혹시라도 어느 날 내가 밥을 먹고 있다는 사실이 기쁘고, 감사하고 행복했던 경험이 있습니까? 밥을 먹는다는 일상 속에서 하나님의 가득한 은총을 발견한 경이로운 순간을 경험해본 적이 있습니까? 또한 매일 끌려 나가듯 직장을 다니는데 어느 순간 '이 직장이 하나님이 주신 직장이구나'라는 사실을 느꼈던 순간이 있습니까? 내가 하는 일이 얼마나 귀한지, 내가 누리고 있는 이 일상이 얼마나 소중한 은혜인지를 깨닫는 순간 우리는 감격하게 됩니다.

▌하나님의 소명에 응답하라

떨기나무 가까이 가자 하나님께서 모세를 부르셨습니다.

그 소리를 들은 모세는 "내가 여기 있습니다Here I am"라고 대답했습니다. 모세는 하나님의 음성을 들었고 응답했습니다. 우리도 하나님이 부르시면 "내가 여기 있습니다"라고 응답해야 합니다. 이사야 6장에 보면 하나님께서 "누가 우리를 위하여 갈꼬"라고 하실 때 이사야가 "내가 여기 있나이다Here I am 나를 보내소서"(사 6:8)라고 했습니다. 하나님이 부르실 때 우리는 응답해야 합니다.

물론 모세가 계속해서 적극적으로 응답한 것은 아닙니다. 모세는 이스라엘 백성에 대한 하나님의 구원 계획을 듣고 부정적인 반응을 보였습니다. 자신이 가서 말한다 해도 바로나 이스라엘 백성 모두 듣지 않을 것이라고 말합니다. 자기 입이 둔해서 그 일을 감당할 수 없다고 말합니다. 하나님께서 표적을 보여주어도 자신은 능력이 없으니 "보낼 만한 자를 보내소서"(출 4:13)라고 말합니다. 하나님의 부르심에 부정적으로 응답한 것입니다. 어쩌면 당연한 반응인지도 모릅니다. 40년간 광야에서 평범하게 살아온 모세, 나이 80세가 되어 이제 은퇴해야 할 나이에 이른 모세입니다. 그런데 그에게 출애굽의 리더가 되라니 모세 입장에서는 할 수 없다고 생각하는 것이 당연합니다.

그러나 분명한 것은 하나님께서 모세를 택하여 부르셨다는 사실입니다. 모세는 자신을 평범한 양치기일 뿐 지도자감이 아니라고 생각했을지 모릅니다. 그런데 하나님은 출애굽의 역사를 위해 오래전부터 모세를 준비시키셨습니다. 애굽에서 가나안까지 가려면 시나이 반도를 지나야 합니다. 긴 광야 길입니다. 광야에 익숙한 사람이 아니면 인도할 수 없는 길입니다. 모세는 40년간 광야 생활을 했습니다. 광야 전문가입니다. 하나님께서 모세 자신도 모르게 그를 훈련시키신 것입니다. 이스라엘 백성들을 광야를 통과해서 가나안까지 이끄는 최적의 인물을 만드신 것입니다. 모세는 몰랐지만 하나님은 정확한 시간표대로 모세를 훈련시키셨습니다. 그리고 부르셨습니다.

하나님은 오늘날 우리에게도 사명을 감당하라고 부르십니다. 때때로 우리 마음에 거룩한 부담감으로 다가오는 일이 있습니다. 하나님의 부르심을 확신하면서도 인간적인 부족함, 분주함 때문에 응답하지 못하는 일이 있습니다. 하나님이 부르실 때 응답해야 합니다. 교회에서 봉사하고 싶었는데 자신이 없어서 못했다든지, 하나님이 내 재능을 쓰시고자 하는 것을 알면서도 바쁘다는 핑계로 응답하지 못했다면 이제 "주님 내가 여기 있습니다. 나를 써주시옵소서" 하고 응답해야 합니다. 하나님의 소명은 무엇이든지 귀한 성직입니다. 그 귀한 부르심에 우리는 순종함으로 응답해야 합니다.

믿음으로 극복하라 _출 14:10~14

"모세가 백성에게 이르되 너희는 두려워하지 말고 가만히 서서 여호와
께서 오늘 너희를 위하여 행하시는 구원을 보라 너희가 오늘 본 애굽
사람을 영원히 다시 보지 아니하리라 여호와께서 너희를 위하여 싸우
시리니 너희는 가만히 있을지니라"_출 14:13~14

▌진퇴양난의 이스라엘

〈버스〉라는 뮤지컬이 있습니다. 스위스 한 시골 동네에서 있었던
실화를 바탕으로 만든 뮤지컬입니다.

시끄러운 시골 동네 사람들을 싣고 산길을 굽이굽이 돌아가던
버스가 브레이크 고장을 일으킵니다. 한쪽은 절벽이고, 다른 한쪽
은 낭떠러지인 내리막길을 간신히 피해서 내려갑니다. 이제 버스는
충돌 완충을 위해 마련된 건초더미로 돌진합니다. 그때 버스 기사
는 건초더미 앞에 서 있는 한 아이를 발견합니다. 그냥 돌진하면 아

이가 죽고, 아이를 피해 가면 버스 안에 있는 승객 일곱 명이 죽게 됩니다. 앞으로 갈 수도 없고 옆으로 피할 수도 없는, 그야말로 진퇴양난의 상황이었습니다.

애굽을 탈출하여 가나안을 향하던 이스라엘 백성도 진퇴양난의 상황을 맞았습니다.

출애굽의 기쁨으로 가벼웠던 발걸음도 잠시였습니다. 이스라엘 백성을 보내고 후회한 바로가 군대를 이끌고 뒤쫓자, 현장은 이내 두려움과 공포로 아수라장이 되었습니다.

"바로가 곧 그의 병거를 갖추고 그의 백성을 데리고 갈새 선발된 병거 육백 대와 애굽의 모든 병거를 동원하니 지휘관들이 다 거느렸더라."

_출 14:6~7

바로는 당대 최고 정예의 부대를 거느리고 이스라엘 백성들을 추격했습니다. 뒤에는 바로의 군대가 맹렬한 기세로 추격해오고, 앞에는 홍해가 가로막았습니다. 이스라엘의 처지는 그야말로 진퇴양난이었습니다.

인생의 길에서 우리도 동일한 상황에 처할 때가 있습니다. 앞으로 갈 수도 없고 뒤로 물러날 수도 없는 암담한 상황에서 우리는 무엇을 해야 할까요?

▌두려워하지 말고 기도하라

> "바로가 가까이 올 때에 이스라엘 자손이 눈을 들어 본즉 애굽 사람들
> 이 자기들 뒤에 이른지라 이스라엘 자손이 심히 두려워하여 여호와께
> 부르짖고." _출 14:10_

애굽 군대와의 거리가 점점 좁아집니다. 시야에 들어올 만큼 가까
운 거리까지 쫓아왔습니다. 홍해 때문에 더 이상 전진할 수 없었던
이스라엘은 너무나도 두려워 하나님께 부르짖었습니다. 그때 모세
가 외쳤습니다. "너희는 두려워하지 말고 가만히 서서 여호와께서
오늘 너희를 위하여 행하시는 구원을 보라 너희가 오늘 본 애굽 사
람을 영원히 다시 보지 아니하리라"(출 14:13).

모세는 백성들에게 두려워하지 말라고 말합니다. 두려움은 우리
의 마음과 생각을 마비시킵니다. 두려움이나 염려가 앞서면 진정으
로 기도할 수 없습니다. 그래서 바울은 "아무것도 염려하지 말고 오
직 모든 일에 기도와 간구로 너희 구할 것을 감사함으로 하나님께
아뢰라"(빌 4:6)고 했습니다. 두려움과 염려는 기도를 가로막지만,
감사는 기도를 살립니다. 프랭클린 루스벨트Franklin Roosevelt, 1882~
1945는 1933년, 미국이 경제대공항으로 침체되어 있던 시절에 대통
령에 취임했습니다. 그는 국민들에게 "우리가 두려워할 오직 한 가
지는 두려움뿐이다"라고 이야기했습니다. 경제적인 상황이나, 외
적인 압박보다 두려워하고 있다는 그 자체가 문제라는 것입니다.

인간은 약하기 때문에 두려워하며 삽니다. 그러나 두려움에 압

도되어 아무것도 하지 못하는 것은 하나님이 원하시는 모습이 아닙니다(딤후 1:7). 두려움은 하나님으로부터 온 것이 아니라 마귀로부터 온 것입니다. 마귀는 두려움의 영입니다. 성경은 두려움을 주는 마귀를 대적하면 마귀가 우리를 피할 것이라고 했습니다(약 4:7). 믿음의 반대말은 불신이 아니라 두려움과 염려입니다. 하나님께 믿음으로 모든 상황을 위임하고 기도하십시오. 하나님께서 우리 앞에 내실 길을 바라보십시오. 기도는 우리의 시선을 진퇴양난의 상황에서 하나님께 옮기도록 합니다. 믿음의 기도는 인간의 불가능이 아니라 하나님의 무한한 가능성을 보게 합니다.

성경에는 두려워하지 말라는 표현이 365번 나옵니다. 1년 365일 매일 두려워하지 말라는 것입니다. 우리 인생도 이스라엘 백성이 처한 상황과 다르지 않습니다. 날마다 우리 앞에 어려운 일들, 두려운 일들이 생깁니다. 성경은 그런 상황 속에서도 두려워하지 말라고 명령합니다. 그런 담대함의 비결은 기도입니다.

▍잠잠히 하나님의 일하심을 기대하라

출애굽기 14장 13절에는 "두려워하지 말고 가만히 서서"라는 표현이 나옵니다.

부르짖음 다음엔 침묵이 필요합니다. 하나님께 충분히 간구했다면 이제 하나님이 일하시도록 우리는 가만히 있어야 합니다. 여기서 침묵은 우리가 하나님을 신뢰하고 온전히 맡긴 상태를 말합니다. 우리 옛말에 "입이 방정이다"라는 말이 있습니다. 아무 소리 안하면 좋았을 텐데 쓸데없는 이야기를 해서 상황을 악화시키는 경우를 말합니다. 우리가 하나님께 기도하는 시간만큼이나 기도한 이후의 시간도 무척 중요합니다. 기도하고 나서 부정적인 이야기를 쏟아내면 기도가 물거품 되는 경우가 많습니다. 은혜받고 나서 입으로 은혜를 쏟는 경우가 많습니다. 기도 후엔 침묵해야 합니다.

중세 시대 수도사 귀고Guigo, 1174~1193는 《수도승의 사다리》에서 네 단계의 기도 과정을 이야기합니다. 첫째는 렉시오 디비나Lectio Divina입니다. 거룩한 독서, 즉 성경 읽는 것을 말합니다. 기도와 말씀이 함께 가야 하기 때문에 먼저 말씀을 읽어야 합니다. 둘째는 메디타치오Meditatio입니다. 묵상을 말합니다. 말씀을 읽고 그 말씀을 되새김질하는 과정입니다. 묵상을 통해 기도의 언어를 발견합니다. 셋째는 오라치오Oratio입니다. 소리 내어 기도하는 것입니다. 그리고 마지막 넷째 단계는 콘템플라치오Contemplatio라고 합니다. 관상, 관조라는 뜻입니다. 이 단계는 충분히 부르짖은 다음 하나님의 음성을 듣기 위해 침묵하는 시간을 말합니다. 하나님의 뜻과 마음을 알기 위한 시간입니다.

이스라엘이 여리고 성을 무너뜨릴 때도 이와 같은 과정이 있었습니다. 여리고 성을 6일 동안 돌 때 하나님은 침묵을 명하셨습니다. 하나님이 일하시도록 잠잠하라고 명하신 것입니다. 만약 이스라엘 백성들이 떠들었다면 어떤 상황이 벌어졌을까요? "이렇게 돈다고 성이 무너지나", "이거 미친 짓 아냐", "여호수아가 하나님의 음성을 잘못 들은 거 아냐" 하면서 부정적인 말을 쏟아냈을 것입니다. 인간적인 상식으론 불가능한 일이었기 때문입니다. 그래서 하나님은 침묵을 명령하셨습니다.

수영을 배울 때면 가르치는 강사가 첫 시간부터 매일 반복하는 이야기가 있습니다. "몸에서 힘 빼세요!"입니다. 그리고 또 반복하는 소리가 있습니다. "물에 몸을 맡기세요. 물과 하나가 되세요." 신앙도 수영을 배우는 것과 마찬가지입니다. 우리는 우리 몸에 힘을 빼고 하나님께 모든 것을 맡겨야 합니다. 내가 하려고 하지 말고 하나님이 하시도록 해야 합니다. 수영을 할 줄도 모르면서 물속에서 허우적거리면, 힘만 빠지고 앞으로 나아갈 수 없습니다. 수영할 때 몸에서 힘을 빼고 물에 몸을 맡기듯이, 기도한 후에는 내 안에 있는 자아의 힘을 빼고 하나님께 우리를 맡겨야 합니다. 깊이 기도하면 우리 마음속의 두려움, 괴로움, 불안, 분심分心이 사라집니다. 그리고 하나님을 향하는 마음, 향심向心이 생깁니다.

믿음으로 홍해를 건너라

진퇴양난의 현실 앞에서 두려워하지 않고 기도하며 우리의 문제를 하나님께 위임하고 잠잠히 기다렸다면, 그다음에는 하나님의 응답에 따라 행동해야 합니다.

> "여호와께서 모세에게 이르시되 너는 어찌하여 내게 부르짖느냐 이스라엘 자손을 명령하여 앞으로 나아가게 하고 지팡이를 들고 손을 바다 위로 내밀어 그것이 갈라지게 하라 이스라엘 자손이 바다 가운데서 마른 땅으로 행하리라." _출 14:15~16

이스라엘의 기도에 대한 하나님의 응답은 '전진'이었습니다. 아직도 눈앞에는 홍해가 버티고 서 있습니다. 그런데도 하나님은 먼저 앞으로 나가라고 명령하셨습니다. 갈라지지 않은 바다를 향해 전진할 수 있는 길은 믿음밖에 없습니다. 히브리서 기자는 출애굽의 과정을 "믿음으로 그들은 홍해를 육지같이 건넜으나(히 11:29)"라고 기록하고 있습니다.

믿음은 대단합니다. 하나님의 말씀을 믿은 모세는 지팡이로 바다를 내리쳤고 홍해가 갈라졌습니다. 이스라엘 백성들에게 홍해는 건널 수 없는 장애물이었습니다. 바다가 갈라진다는 것은 상상할 수 없는 일이었습니다. 그런데 그 불가능이 현실이 되었습니다. 모세는 믿음으로 홍해를 갈랐고, 이스라엘 백성들은 믿음으로 바다를 건넜습니다.

한동안 〈이집트 왕자〉라는 디즈니의 애니메이션이 인기를 끈 적이 있습니다. 그 애니메이션의 주제곡이 〈When you believe〉입니다. 미국의 유명 여가수 휘트니 휴스턴Whitney Houston Feat과 머라이어 캐리Mariah Carey가 함께 불러서 더 유명해진 곡입니다.

There can be miracles when you believe.

Though hope is frail, It's hard to kill.

Who knows what miracles you can achieve.

When you believe somehow you will.

You will when you believe.

기적은 존재할 수 있어요, 그대가 믿는다면.

비록 희망이란 것이 연약하다 해도 그걸 죽이는 건 어려운 일이죠.

당신이 어떤 기적을 이루어낼 수 있을지는 아무도 몰라요.

믿기만 한다면 어떻게든 당신은 해낼 거예요.

당신은 해낼 거예요, 믿기만 한다면.

믿을 때 기적이 일어나고, 믿을 때 하나님이 역사하십니다.

진퇴양난의 상황은 문제가 되지 않습니다. 믿음이 없다는 것이 문제입니다. 이스라엘 백성들이 믿음으로 홍해 앞으로 나아갔을 때 홍해가 갈라졌습니다. 그리고 홍해를 건너 구원받았습니다. 구원은 믿음으로 받습니다. 하나님은 예수 그리스도를 통해 영원한 멸망 속에서 우리를 구원하십니다. 우리가 구원받을 수 있는 유일한 길은 믿음의 길입니다. 예수께서 우리의 구원자이심을 믿고, 예수께서 십자가 위에서 우리의 모든 죄를 담당하셨음을 믿어야 합니다. 믿을 때 구원의 기적이 일어납니다.

┃ 하나님은 우리를 사랑하십니다

뮤지컬 〈버스〉이야기로 돌아가보겠습니다. 앞으로 가면 건초더미에 있던 아이가 죽고 피하면 버스 안의 승객들이 죽게 되는 상황에서 운전기사는 어떤 길을 선택했을까요? 그는 승객 일곱 명을 살리기로 결정했습니다. 버스는 아이를 치고 넘어가 건초더미에 박힌 채 가까스로 멈추어 섰습니다. 버스에서 살아 나온 승객들은 숨진

아이를 부둥켜안고 오열하는 버스 기사를 발견했습니다. 어떤 이들은 함께 울고, 또 어떤 이들은 가엾은 어린아이가 죽었다며 버스 기사를 손가락질했습니다. 그러나 곧 사람들은 아무도 입을 열 수 없었습니다. 죽은 아이가 바로 버스 기사의 아들이었던 것입니다. 버스 기사는 자기 아들을 희생시키면서까지 승객들의 생명을 지켜낸 것입니다.

이 뮤지컬의 마지막 노래는 이렇습니다.

"누군가가 사랑했기에, 누군가가 희생했기에 이제 우린 새로운 삶을 살아갈 수 있어요."

독생자 예수 그리스도를 십자가에 내어주신 아버지 하나님의 사랑 때문에, 우리에게 살 수 있는 길이 열렸습니다. 홍해 앞의 이스라엘 백성처럼 진퇴양난의 상황 가운데 서 있거나, 길이 없어 절망하고 있다면 이 한 가지를 꼭 기억하십시오. 하나님은 나를 사랑하십니다.

"자기 아들을 아끼지 아니하시고 우리 모든 사람을 위하여 내주신 이가 어찌 그 아들과 함께 모든 것을 우리에게 주시지 아니하겠느냐."_롬 8:32

하나님은 나를 구원하시기 위해 독생자까지 희생하셨습니다. 이 사실을 믿는다면 인생의 어떤 홍해도 건널 수 있으며, 그 어떤 장애물도 극복할 수 있습니다.

원망 대신 기도하라 _출 15:22~27

"백성이 모세에게 원망하여 이르되 우리가 무엇을 마실까 하매 모세가
여호와께 부르짖었더니 여호와께서 그에게 한 나무를 가리키시니 그가
물에 던지니 물이 달게 되었더라"_출 15:24~25a

❚ 홍해는 걸림돌이 아니라 디딤돌이었다

애굽의 노예생활로 고통당하던 이스라엘 백성은 하나님께 부르짖
었습니다. 하나님은 이스라엘의 부르짖음을 들으시고 물에서 건진
모세를 이스라엘의 희망으로 애굽에 보내셨습니다. 그리고 그를 통
해 이스라엘을 구원하셨습니다. 엑소더스의 과정, 즉 이스라엘이
출애굽의 여정을 시작할 수 있었던 첫 번째 비결은 부르짖는 것이
었습니다. 모든 역사의 출발점은 기도입니다. 어떤 장애물을 만나
도 하나님께 기도하는 것을 잊지 않는다면 극복할 수 있습니다.

이후 이스라엘은 홍해와 애굽 군대 사이에서 진퇴양난의 위기를

맞습니다. 바로의 군대가 뒤에서 쫓아오고 바다가 앞을 가로막자 백성들은 모세를 원망했습니다. 이스라엘에게 바로의 군대는 위협의 대상이요, 홍해는 결코 넘을 수 없는 장애물이었습니다. 그러나 결국에는 홍해가 애굽 군대를 막아주는 방어막이 되었습니다. 그 덕분에 이스라엘은 애굽 군대에 잡혀 몰살되는 비극을 피할 수 있었고, 애굽 군대는 갈라진 물이 합쳐지면서 바다 한 가운데 수장됩니다. 홍해는 장애물이 아니라 적군의 무덤이 되었습니다.

길 중앙에 놓여 있는 큰 돌은 걸림돌입니다. 통행에 방해물입니다. 그런데 그 걸림돌을 옮겨다가 냇가로 가져가면 내를 건너게 하는 디딤돌이 됩니다. 우리 앞에 놓인 문제도 당장에는 장애물처럼 보일지 모르지만, 하나님께 기도로 맡길 때 디딤돌로 변하는 역사가 일어납니다. 눈앞에 보이는 현상만 보고 원망하거나 낙심할 일이 아닙니다. 원망 대신 기도하면 진정한 길이 보입니다.

▍행복은 오래가지 않는다

하지만 이스라엘 백성들은 홍해가 갈라지는 기적을 체험하고서도 기도할 줄 몰랐습니다. 가나안 여정에서 믿음과 기도로 한결같이 하나님을 의지했다면 출애굽 1세대가 가나안 땅을 밟지 못하는 비극은 없었을 것입니다.

홍해를 건넜을 때, 이스라엘은 출애굽 여정에서 가장 감격스러운 환희를 맛보았을 것입니다. 절체절명의 위기 앞에서 상상할 수 없는 기적을 경험한 그들은 행복의 절정에서 기뻐했을 것입니다.

바다가 육지가 되고, 추격하던 바로의 군대는 수장되어 더 이상 추격할 수 없는 상황을 직접 보았으니 말입니다. 하지만 이스라엘 백성들의 행복한 순간은 오래 가지 못했습니다. 이스라엘 백성들이 홍해를 건넌 후 맛본 행복은 정확히 3일이었습니다. 3일 후에는 상황이 완전히 바뀝니다. 문제는 물 때문이었습니다.

> "모세가 홍해에서 이스라엘을 인도하매 그들이 나와서 수르 광야로 들어가서 거기서 사흘길을 걸었으나 물을 얻지 못하고." _출 15:22

사흘간 물을 마시지 못한 백성들이 모세를 원망하기 시작했습니다. 얼마 지나지 않아 우물을 발견했지만 마실 수 없는 쓴 물이었습니다. 물이 쓰다고 해서 그곳 이름을 '마라'라고 했습니다. 인생은 한 가지 문제를 해결하면 또 다른 문제가 등장합니다. 마치 고난의 연속인 드라마를 보는 것 같습니다. 우리 삶의 도처에 마라가 있습니다. '마라의 고통'을 극복하기 위해 우리가 할 일은 무엇일까요?

▎기도로 주께 나아가라

마라의 고통을 극복하는 첫 번째 비결은 역시 기도하는 것입니다. 그런데 백성들은 기도보다 원망을 먼저 했습니다. 이에 반해서 지도자 모세는 달랐습니다. 그는 기도했습니다.

> "모세가 여호와께 부르짖었더니 여호와께서 그에게 한 나무를 가리키

시니 그가 물에 던지니 물이 달게 되었더라 거기서 여호와께서 그들을 위하여 법도와 율례를 정하시고 그들을 시험하실새."_출 15:25

기도는 상황을 변화시키고 문제를 해결합니다. 그래서 원망대신 기도해야 합니다. 기도한다는 것은 단지 엎드리는 것만을 말하는 것이 아닙니다. 우리는 나 혼자 부르짖어 기도하고 나서 기도가 끝났다고 착각합니다. 하지만 기도의 정말 중요한 포인트는 '들음'입니다. 모세는 기도하다가 하나님의 음성을 듣습니다. 마라의 쓴물을 단물로 바꿀 수 있는 지혜를 얻습니다. 해답은 멀리 있는 것도 아니고, 어려운 것도 아니었습니다. 하나님께서 가리키신 나무의 가지를 꺾어 물에 던지면 되는 것이었습니다. 그 나무는 가까이 있었지만 기도하기 전에는 보이지 않았습니다.

이 장면에서 경청기도의 중요성을 깨닫게 됩니다. 성경은 기도를 일방적인 것으로 말하지 않습니다. 부르짖은 다음엔 잠잠히 기다리라고 말씀합니다. 침묵을 통해 하나님의 음성을 경청해야 합니다. 영성기도의 대가로 불리는 잰 존슨Jan Johnson 박사의 《경청기도》에 보면 "경청기도란 내 생각과 감정을 가라앉히고 하나님께 집중하는 기도"라고 했습니다. 그런 상태에 있을 때 우리는 하나님의 임재를 느낄 수 있고, 우리를 인도하시고 지도하시는 하나님의 음성을 들을 수 있다고 했습니다. 하나님의 음성은 천상에서 들려오는 소리가 아닙니다. 하나님은 이미 우리에게 주신 성경을 통해 말씀하십니다. 말씀 속에 하나님의 음성이 있습니다. 기도 중에 주시는 하나님의 생각이 중요합니다.

제가 섬기는 안양교회 중등부 학생들과 필리핀 선교를 갔습니다. 안양교회에서 파송한 최용희 선교사님이 사역하시는 민다나오섬, 다바오 지역에서 함께 선교활동을 했습니다. 주일 예배를 위해 먼저 귀국하면서 마닐라에 들러 다른 선교사님들의 사역지도 둘러보았습니다. 선교 현장에 가자 하고 싶은 일들이 자꾸 생각났습니다. 저는 숙소에 있는 동안 하나님께 기도했습니다. "너무 하고픈 일들은 많은데 어떻게 하면 좋습니까? 여러 가지 일을 하다가 하나님 뜻을 놓치지 않도록 도와주옵소서." 한참 기도하는데 제 마음속에 35장 35절 말씀이 자꾸 떠올랐습니다. 저는 그런 식의 응답을 선호하지는 않는 편이었습니다. 내 생각이려니 하고 다른 기도를 하는데도 계속 35장 35절이 떠오르는 것이었습니다. 저는 성경을 펴서 35장까지 있는 성경을 다 찾아보았습니다. 35장까지 있는 성경 중에 35절까지 있는 성경은 출애굽기 35장 35절 뿐이었습니다.

"지혜로운 마음을 그들에게 충만하게 하사 여러 가지 일을 하게 하시되 조각하는 일과 세공하는 일과 청색 자색 홍색 실과 가는 베 실로 수놓는 일과 짜는 일과 그 외에 여러 가지 일을 하게 하시고 정교한 일을 고안하게 하셨느니라."

모세가 광야에서 성막을 지을 때의 이야기였습니다. 저는 이 말씀에서 "여러 가지 일을 하게 하시되"라는 부분에서 깨달음을 얻었습니다. '하나님께서 나에게 여러 가지 일을 하게 하신다'는 깨달음이었습니다. 더욱 중요한 것은 그 앞부분이었습니다. 하나님은

"지혜로운 마음을 그들에게 충만하게 하사 여러 가지 일을 하게" 하신다는 사실입니다. 즉, 여러 가지 일을 하는 것이 문제가 아니라 하나님 주신 지혜로 하느냐가 중요하다는 것입니다. 하나님은 제가 선교를 위해 하고픈 일들이 많다는 걸 문제 삼지 않으셨습니다. 중요한 것은 하나님이 주시는 지혜로 하느냐는 것입니다. 고민했던 부분이 너무나 명확하게 해결되었습니다. 성경 속에 해답이 있었습니다. 원망하기보다는 기도하고 하나님의 음성을 들으면 해결의 지혜가 생깁니다.

▌말씀에 순종하라

마라의 쓴 물이 단 물로 변한 후, 먹을 수 없는 물이 먹을 수 있는 물이 된 후, 하나님은 백성들에게 순종을 요구하셨습니다. 출애굽기 15장 25절 후반부에 보면 "거기서 여호와께서 그들을 위하여 법도와 율례를 정하시고 그들을 시험하실새"라고 기록되어 있습니다. 하나님께서 법도와 율례를 주신 이유가 있습니다. 그것은 바로 하나님 말씀에 대한 순종을 요구하신 것입니다. 마라의 경험은 이스라엘 백성에 대한 '시험Test'입니다. 시험의 내용은 '순종의 길에서 어려움을 당해도 변함없이 순종하겠느냐'는 것입니다.

말씀에 순종하면 하나님은 축복하십니다. 물론 순종의 과정에도 어려움은 있습니다. 한 번의 순종에 그치는 것이 아니라 끝까지 순종하고, 온전히 순종해야 합니다. 순종의 과정에 어려움이 와도 변함없이 순종해야 하나님이 축복하십니다.

"이르시되 너희가 너희 하나님 나 여호와의 말을 들어 순종하고 내가 보기에 의를 행하며 내 계명에 귀를 기울이며 내 모든 규례를 지키면 내가 애굽 사람에게 내린 모든 질병 중 하나도 너희에게 내리지 아니하리니 나는 너희를 치료하는 여호와임이라."_출 15:26

하나님은 계명과 말씀에 귀 기울여 순종하면 애굽 사람에게 내린 질병들 중 어느 하나도 내리지 않겠다고 말씀하셨습니다. 하나님은 자신을 치료의 하나님이라고 하셨습니다. 하나님은 여호와 라파, 치료의 하나님이십니다. 영적인 질병, 육신의 질병을 치료하시는 분입니다. 순종이 치유를 낳습니다.

인생의 마라를 극복하는 비결은 바로 날마다 말씀에 대해 순종하며 사는 것입니다. 그래서 하나님의 말씀에 귀 기울이는 시간, 침묵의 시간, 경건의 시간QT이 중요한 것입니다.

❙ 믿음의 행진을 계속하라

부르짖어 기도하고, 말씀에 대해 순종을 결단해도 여전히 주변의 상황이 변하지 않을 때가 있습니다. 그만두어야 할까요? 낙심하고 포기해야 할까요? 그렇지 않습니다. 이스라엘이 광야에서 행했던 대로, 하나님과 동행하는 믿음의 순례를 계속해야 합니다. 광야의 낮은 여전히 덥고, 밤은 춥습니다. 물은 여전히 넉넉하지 못합니다. 미래 또한 불투명합니다. 그렇다고 해서 이스라엘 백성들이 가나안을 향한 발걸음을 멈추지는 않았습니다.

하나님은 어려운 고비마다 이스라엘과 함께하셨습니다. 때로 하나님의 임재를 느끼지 못할 만큼 힘든 순간에도 하나님은 늘 이스라엘 백성과 함께하셨습니다. 하나님은 모든 기적의 주인이십니다. 어떠한 상황에서든지 멈추지 마십시오. 하나님이 여전히 나와 함께하심을 믿고 믿음의 순례를 계속해야 합니다.

이스라엘 백성들이 마라를 떠나 남방으로 10킬로미터 정도 왔을 때 도달한 곳이 엘림입니다. 출애굽의 긴 여정을 생각할 때 10킬로미터는 반나절이면 가는 아주 가까운 거리입니다. 그런데 불과 10킬로미터 떨어진 곳에 마라와 전혀 다른 엘림이 있었습니다. 엘림은 사막의 오아시스 같은 곳입니다. 나무도 무성하고, 물도 풍부한 곳이었습니다. 사람들은 마라에서 원망하고 불평했습니다. 엘림이 보이지 않았기 때문입니다. 우리도 분명히 알아야 할 것은 보이지 않아도 하나님은 믿음의 백성들 위해 엘림을 예비하고 계신다는 사실입니다.

엘림은 마라를 경유해야 도달할 수 있는 곳입니다. 지금 마라에 주저앉아 있는 사람들이 있다면 낙심을 벗어나 일어나야 합니다. 믿음으로 계속 행진해야 합니다. 곧 엘림에 도달할 것을 믿고 나아가야 합니다.

영국 청교도들은 박해를 받을 때도 서로 이렇게 인사했습니다.

"가장 좋은 것은 아직 오지 않았습니다The Best is yet to come."

지금 우리에게는 가장 좋은 것, 엘림이 남아 있습니다. 그러므로 우리는 원망 대신 기도로 믿음의 순례, 믿음의 행진을 끝까지 해나가야 합니다.

하늘양식을 먹으라 _출 16:1~5

"그 때에 여호와께서 모세에게 이르시되 보라 내가 너희를 위하여 하늘에서 양식을 비 같이 내리리니 백성이 나가서 일용할 것을 날마다 거둘 것이라 이같이 하여 그들이 내 율법을 준행하나 아니하나 내가 시험하리라"_출 16:4

▍출애굽의 과정

쓴 물로 고통당했던 마라와 오아시스와 같았던 엘림을 거쳐 행진을 계속하던 이스라엘은 신 광야the Desert of Sin에 이르렀습니다. 신 광야는 엘림과 시내 산 중간 정도에 위치해 있습니다. 신 광야에서 이스라엘 백성들은 또 원망합니다. 배고픔 때문이었습니다. 광야는 마실 물도, 먹을 음식도 구하기가 쉽지 않은 곳입니다. 광야 길을 걷던 이스라엘 백성들은 굶주림에 지쳐 기진맥진했습니다. 애굽 시절을 회상하며 모세를 원망했습니다. "우리가 애굽 땅에서 고기 가

마 곁에 앉아 있던 때와 떡을 배불리 먹던 때에 여호와의 손에 죽었더라면 좋았을 것을 너희가 이 광야로 우리를 인도해 내어 이 온 회중이 주려 죽게 하는도다"(출 16:3). 원망하는 이스라엘 백성들을 향한 하나님의 처방은 '만나'였습니다.

그렇다면 하나님이 주신 만나의 의미는 무엇일까요?

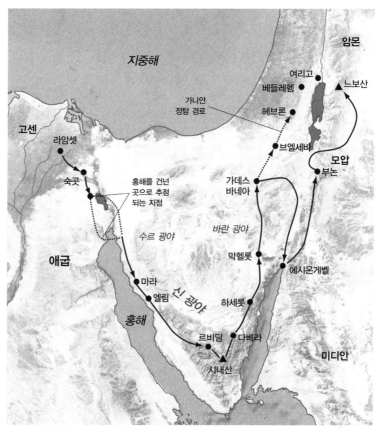

▲ 이스라엘의 출애굽 경로

우리는 하늘에서 주신 은혜로 살아갑니다

우리 인생은 진퇴양난의 위기에 봉착할 때가 많습니다. 동서남북, 전후좌우, 사방을 아무리 둘러보아도 빠져나갈 길이 보이지 않을 때가 있습니다. 하지만 그런 상황에서도 제5의 방향이 있음을 잊지 말아야 합니다. 바로 하늘입니다. 사방이 막혀도 하늘은 막히는 법이 없습니다. 육신의 눈은 사방만 주시하지만 믿음의 눈은 제5의 방향을 바라봅니다.

신 광야에 이른 이스라엘 백성에겐 아무리 둘러보아도 먹을 것이 없었습니다. 광야에 먹을 것이 있을 턱이 없습니다. 인간적인 생각으로 보면 꼼짝없이 굶어 죽겠구나 생각할 수도 있습니다. 몸은 힘들었어도 먹을거리 걱정은 없었던 애굽 생활을 회상하며 눈앞의 상황을 원망할 수도 있습니다. 하지만 이스라엘 백성들은 이미 마라의 쓴물을 단물로 바꾸시는 하나님의 역사를 보았습니다. 마라를 지나 엘림에서도 충분한 은혜를 경험했습니다. 그런데도 그들은 옛 습관을 버리지 못했습니다. 신 광야에서 또 원망을 되풀이합니다. 원망의 악순환입니다.

이스라엘 백성들은 마라의 시험에서 낙제 점수를 받았지만 모세의 기도로 겨우 위기를 넘겼습니다. 이스라엘 백성들은 신 광야에서 다시 한 번 테스트를 받습니다. 마라에서는 마실 물 테스트였는데 여기서는 먹을거리 테스트입니다. "먹을거리가 없어도 나를 의지하며 살겠느냐"는 하나님의 테스트에 이스라엘은 또 낙방하고 맙니다.

그런데도 하나님은 이스라엘 백성들에게 만나를 내리셨습니다.

이스라엘 백성들이 잘해서 받은 상이 아닙니다. 온전히 하나님의 은혜입니다. 우리는 오늘도 하나님의 은혜로 살고 있습니다. 한순간도 하나님 은혜 없이는 살 수 없는 연약한 인생입니다. 우리가 매일 먹는 음식은 하나님이 주시는 만나이며, 매일 마시는 물은 엘림의 오아시스입니다. 우리가 매일 먹는 고기는 광야의 메추라기입니다. 이 모든 것이 하나님의 은혜입니다. 우리는 매순간 하나님 은혜로 삽니다. 모든 것이 하늘양식입니다.

저는 기도할 때마다 "은혜로우신 하나님!"이라고 부릅니다. 바울의 고백처럼 나의 나 된 것은 오직 하나님 은혜이기 때문입니다. 연약하고 부족하고 죄로 말미암아 죽을 수밖에 없는 죄인을 용서하시고 사랑하시고 품어주시고 구원해주시니 은혜가 아니겠습니까? 그러니 "은혜로우신 하나님!"이란 고백이 나옵니다.

은혜와 노동과 안식은 분리되지 않습니다

하나님은 은혜로 만나를 주십니다. 이스라엘 백성들이 하나님을 잘 섬기고, 칭찬받을 만한 행동을 해서 주시는 것이 아닙니다. 그들은 감사 대신 끊임없이 불평한 백성들이었습니다. 그런 이스라엘에게 하나님은 마실 물을 주시고, 먹을 것을 주시고, 씹을 고기를 주셨습니다. 그러나 저절로 입속에 들어가게 하신 것은 아닙니다. 거두는 수고를 하게 하셨습니다. 제5의 방향인 하늘이 늘 열려 있다는 말씀, 하늘양식이 예비되어 있다는 말씀은 아무 일 않고 요행을 바라라는 말이 아닙니다.

"그 때에 여호와께서 모세에게 이르시되 보라 내가 너희를 위하여 하늘에서 양식을 비 같이 내리리니 백성이 나가서 일용할 것을 날마다 거둘 것이라 이같이 하여 그들이 내 율법을 준행하나 아니하나 내가 시험하리라."_출 16:4

기독교는 무위도식의 종교가 아닙니다. 성경에도 "심은 대로 거둔다"고 했습니다. "일하기 싫은 자는 먹지도 말라"고 했습니다(살후 3:10). 거두는 수고 없이는 은혜의 양식을 얻을 수 없습니다. 아무런 노력 없이 은혜만 추구하면 값싼 은혜cheap grace: 본회퍼가 됩니다. 하나님의 은혜는 그리스도의 십자가 희생으로 주어지는 값비싼 것입니다. 우리의 구원을 위해 하나님의 아들이 죽어야 했던 것입니다. 하나님의 은혜는 우리의 행함으로 다 갚을 수 없을 만큼 큽니다. 갚을 수 없다고 아무런 노력도 하지 말라는 것이 아닙니다. 은혜에 감사하며 살아야 합니다. 그래서 은혜와 노동은 함께 갑니다. 믿음과 행함도 함께 갑니다. 칭의와 성화도 함께 갑니다. 하나님께서 은혜로 주신 만나는 수고와 감사함으로 거두어야 합니다.

인간의 삶에는 늘 균형이 필요합니다. 하나님은 엿새 동안 땀 흘려 만나를 거두게 하시고 일곱째 날엔 쉬도록 하셨습니다. 노동과 안식의 원리입니다. 성경은 노동 못지않게 안식의 중요성을 가르칩니다. 하루 더 일하면 그만큼 더 벌 것 같지만 그렇지 않습니다. 하나님은 6일간 열심히 일하고 7일째엔 하나님께 예배드리며 안식하도록 하셨습니다. 광야에서도 7일째엔 아예 만나를 내리지 않으셨습니다. 그러니 만나를 얻을 수가 없었습니다(출 16:25). 이것이 주일성수의 핵심입니다. 하나님은 엿새 날에 두 배의 만나를 거두게 하셨습니다. 안식일을 위해 미리 준비하게 하신 것입니다. 그러나 필요 이상의 만나를 쌓아두면 모두 썩고 말았습니다. 욕심은 우리의 심령을 썩게 만듭니다.

▍거두었으면 나누어야 합니다

"여호와께서 이같이 명령하시기를 너희 각 사람은 먹을 만큼만 이것을 거둘지니 곧 너희 사람 수효대로 한 사람에 한 오멜씩 거두되 각 사람이 그의 장막에 있는 자들을 위하여 거둘지니라 하셨느니라 이스라엘 자손이 그같이 하였더니 그 거둔 것이 많기도 하고 적기도 하나 오멜로 되어 본즉 많이 거둔 자도 남음이 없고 적게 거둔 자도 부족함이 없이 각 사람은 먹을 만큼만 거두었더라." 출 16:16~18

하나님은 만나를 거두는 원리를 분명히 말씀하셨습니다. 각 사람이 먹을 만큼만 거두라고 하셨습니다. 한 사람당 한 오멜이라는 분량까지 제시하셨습니다. 많이 거둔 사람도 적게 거둔 사람도 남거나 모자라지 않았습니다. 그 이유가 무엇일까요? 자발적인 나눔 때문입니다. 저울을 사용한 것이 아니라 손으로 가늠해서 거두었기 때문에 분명 부족하거나 남은 사람들이 있었을 것입니다. 그러나 만나는 일용할 양식이었기 때문에 남겨서 쌓아둘 수 없었습니다. 그러니 자기가 먹는 분량 외에 남는 것은 부족한 사람들에게 아낌없이 나누어줄 수 있었던 것입니다. 자발적인 나눔 덕분에 다소 적게 거둔 이들까지도 부족함 없이 먹을 수 있었습니다.

오늘 우리 사회에도 이러한 자발적 나눔이 절실합니다. 그 선봉에 교회가 서야 합니다. 요즘 한국 교회가 사회로부터 많은 지탄을 받고 있습니다. 교회 명패를 붙이면 장사 안 된다는 소리를 들을 정도입니다. 한국 교회가 사회 속에서 질타를 당하는 이유는 믿음의 사람들조차 소유와 탐욕에서 자유하지 못하고, 나눔의 사명을 감당하지 못했기 때문입니다.

한국 교회 초기 선교사들은 우리나라를 위해 아낌없는 사랑과 나눔을 실천했습니다. 나라가 어려울 때 적극적으로 기도하며 협력했습니다. 1905년, 돈을 벌기 위해 배를 타고 멕시코 유카탄 반도로 건너간 조선인들이 있었습니다. 말이 외국인 노동자이지 노예에 가까운 신세였습니다. 이들의 고단한 삶을 배경으로 쓴 소설이《애니깽》입니다. 애니깽은 그곳에서 자라는 선인장의 일종인 용설란 '에네켄'을 현지 발음대로 부른 것입니다. 그들은 일하다가 맞아죽기도 하고, 가시에 찔려 죽기도 했습니다. 짐승 취급을 받으며 일했지만 당시 우리나라 정부에서는 이 사실을 제대로 몰랐습니다. 알았다 하더라도 어떤 조치를 취할 만한 형편이 되지 않았습니다.

나라가 손을 놓고 있는 사이 당시 상동교회의 전덕기 목사는 실상을 조사하도록 두 명의 특사를 멕시코로 파견했습니다. 그리고 우리나라 사람들의 고통을 많은 이들에게 알렸습니다. 또한 홍수로 피해를 입은 인도 사람들을 위해 구호물자를 모아 보내기도 했습니다. 당시 한국 교회의 활약은 대단했습니다. 나라에서 하지 못하는 일을 교회에서 감당했습니다.

성도들은 하늘양식을 먹고 하나님의 사랑을 나누는 사람입니다. 나 혼자 구원받고 나 혼자 천국 가기 위해 교회 나오는 것이 아닙니다. 예수님은 사랑과 나눔의 상징이셨습니다. 우리를 사랑하셨기에 십자가를 지셨고, 자기 몸을 아낌없이 나누어주셨습니다.

안양교회는 2011년부터 율목종합사회복지관을 운영해오고 있습니다. 복지관의 운영은 교회의 유익이나 수익을 위해서 하는 것도, 성도들의 편의를 위해서 하는 것도 아닙니다. 하나님의 사랑을 지역 사회에 나누고 그리스도의 향기를 발하기 위함입니다. 그뿐 아니라 2009년부터 분당 만나교회, 대전 산성교회와 함께 비영리기구인 NGO 월드휴먼브리지를 설립해 운영하고 있습니다. 교회 내 카페 파구스를 통해서 얻는 수익 역시 사회로 환원하고 있습니다. 안양교회는 지속적인 나눔을 통해 세상 속에 마땅히 행해야 할 그리스도인의 선교적 사명을 감당하고 있습니다. 하나님께서 주신 은혜를 아낌없이 나누고자 하는 것입니다.

오병이어의 기적은 작은 소년으로부터 시작되었습니다(요 6장). 제자들은 소년이 가져온 도시락이 그곳에 모인 사람들에게 아무런 도움이 되지 않을 만큼 작은 것이라 여겼습니다. 하지만 예수님은 그것을 가지고 축사하시고, 하늘에 감사하신 후 제자들에게 나누어주라고 말씀하셨습니다. 그러자 5,000명이 넘는 사람들이 배불리 먹고도 열두 광주리가 남았습니다. 나누면 남습니다.

우리는 그리스도의 사랑을 나누어야 합니다. 자발적으로, 적극적으로 나누어야 합니다. 우리 사회에 그늘진 곳에 있는 이들에게 나누어야 합니다. 또한 세계 모든 곳에 그리스도의 사랑을 나누어야 합니다. 이스라엘 백성들이 늘 불평하고 실수만 한 것은 아니었습니다. 없는 중에도 나누며 살았던 사람들이 있었습니다. 원망할수밖에 없는 상황에서 감사한 사람도 있었습니다. 부정적인 생각, 패배주의에 물든 사람도 있었지만 하나님을 바라보며 할 수 있다고 외친 사람도 있었습니다. 약속의 말씀을 붙들고 담대하게 나아간 사람도 있었습니다.

출애굽 이야기는 오늘날 우리 삶을 들여다보는 거울 같습니다. 우리는 출애굽 과정을 통해 하나님이 행하신 일들과 방법을 살펴봅니다. 하나님께서 어떻게 우리 인생에 개입하시고 보호하시는지, 인도하시는지를 배웁니다. 이스라엘 백성들의 모습 속에서 매순간 하나님을 의심하고 불순종했던 나를 발견합니다. 그럼에도 불구하고 기적과 은혜로 먹이시고 구원하시는 하나님을 발견합니다. 출애굽기는 옛날이야기가 아닙니다. 오늘을 살아가는 하나님 나라 백성들의 이야기입니다.

3

예수 그리스도의
나심은 이러하니라

마태의 예수 탄생 이야기

예수님은 누구인가? _마 1:1~17

"아브라함과 다윗의 자손 예수 그리스도의 계보라"_마 1:1

▌말씀의 능력

어느 교회 집사님이 남편을 전도하기 위해 10년 가까이 기도했습니다. 기도의 응답으로 드디어 남편과 함께 교회에 나가게 되었습니다. 그런데 남편이 교회에 나온 주일, 목사님 설교가 마태복음 1장의 족보 이야기였습니다. 집사님은 '왜 하필 남편이 처음 나온 날 지루한 족보 이야기를 하시나' 생각하며 남편과 목사님을 번갈아 바라보았습니다. 남편이 다시는 교회 나오지 않겠다고 하면 어쩌나 하는 걱정에 내심 불안했습니다. 누가 누구를 낳고, 낳고, 낳고의 이야기가 반복되니 설교가 지루할 것이라 생각한 것입니다.

주일 예배를 마치고 집으로 돌아왔습니다. 집사님은 남편의 반응이 궁금했습니다. 오늘 예배 잘 드렸냐고 묻고 싶은데 반응이 별로 좋지 않으면 어쩌나 전전긍긍하고 있었습니다. 남편이 먼저 입을 열었습니다.

"여보, 나 오늘 목사님 설교 들으면서 느낀 것이 많아."

"오늘 예수님 족보 이야기 하셨는데, 혹시 지루하진 않았어요?"

"아니. 누가 태어나고, 누가 죽는 이야기를 계속 듣다보니까 결국 모든 사람이 죽는다는 사실을 새삼 깨닫게 되었어. 당신이 왜 나에게 교회 가자고 하는지 알겠더라고. 죽고 나서 함께 천국 가자는 이야기를 하고 싶었던 거잖아? 내가 오늘 예수님 족보에 대한 설교를 들으면서 내가 죽은 다음에 갈 곳이 어딘가 생각해봤어. 나도 천국 가고 싶다는 생각이 들더라고. 나도 이제부터 교회 열심히 나가고, 예수 열심히 믿을 거야."

저는 이 이야기를 들으면서 말씀의 능력에 대해 다시 한 번 깨닫게 되었습니다. 말씀의 능력은 우리의 생각과 예상을 뛰어넘습니다. 예수님의 족보도 하나님의 말씀이기 때문에 충분히 사람을 감동시킬 수 있다는 것을 깨달았습니다. 성경에는 족보 이야기가 많이 나옵니다. 구약에서는 창세기 4장에서부터, 신약에서는 마태복음 1장에서부터 족보가 나옵니다. 성경 초반부터 족보 이야기가 나온다는 것은 그만큼 중요한 의미를 갖는다는 것을 뜻합니다. 실제로 족보 속에는 중요한 진리가 담겨 있습니다.

족보는 그 사람이 누구인지를 알려줍니다. 예수님의 족보 역시 예수님이 누구신지 알려줍니다. 사람은 홀로 존재하지 않습니다. 더불어 존재합니다. 아버지와 어머니가 있기 때문에 내가 있는 것이고, 내가 있기 때문에 자녀들이 존재하는 것입니다. 예수님의 족보는 예수님이 분명 하나님의 아들이시지만 또한 인간의 아들이란 사실을 보여줍니다. 즉, 예수님의 신성과 인성을 모두 보여주는 중요한 증거입니다.

그렇다면 족보를 통해 본 예수님은 어떤 분이실까요?

▎ 모든 사람의 구원자이신 예수

예수님은 아브라함과 다윗의 자손입니다. 아브라함은 믿음의 조상으로 그의 자손이란 택함 받은 백성, 구원받은 백성을 의미합니다. 창세기 1~11장까지는 선 역사, 즉 역사 이전의 역사로 불립니다. 12~50장의 족장사부터 이스라엘의 역사가 시작되는데 그 첫 번째 인물이 아브라함입니다(12장).

아브라함은 구원의 보편성을 상징하는 인물이기도 합니다. 하나님께서 아브라함을 통해 땅의 모든 족속이 복을 받을 것이라고 약속하셨기 때문입니다. 땅의 모든 족속은 선택받은 이스라엘뿐 아니라 이방인까지 구원의 범주에 포함된다는 말입니다. 그러므로 예수님이 아브라함의 자손이라는 뜻은 예수님을 통해 모든 나라가 복을 받고 모든 사람이 구원을 얻을 수 있음을 의미합니다. 성경은 "하나님이 세상을 이처럼 사랑하사 독생자를 주셨으니 이는 그를 믿는 자마다 멸망하지 않고 영생을 얻게 하려 하심이라"(요 3:16)고 했습니다. 예수를 믿는 자는 누구든지 구원받는다는 말씀입니다.

예수님의 족보에는 다섯 명의 여성이 포함되어 있습니다. 그런데 다섯 명 중, 마리아를 제외한 네 명이 이방 여인들입니다. 사라, 리브가, 라헬 같은 여인들의 이름이 등장할 것 같은데 그런 이름은 없습니다. 다말은(3절) 야곱의 넷째 아들인 유다의 며느리입니다. 다말은 아람 출신입니다(희년서, 유다의 유언서 10:1). 라합은 이스라엘이 여리고 성을 점령할 때 정탐꾼을 숨겨준 기생으로 가나안 땅 여리고 출신입니다(수 2:6). 룻은 모압 여인입니다(마 1:5). 그리고 마태복음 1장 6절에 '우리야의 아내', 즉 밧세바가 등장하는데 밧세바는 이스라엘 여인이었습니다. 그러나 이 말씀이 밧세바를 굳이 '우리야의 아내'라고 쓴 것은 남편이었던 우리야가 이방 민족인 헷 사람이었기 때문입니다.

족보에 이방인의 이름이 등장하는 이유는 예수님이 유대인의 메시아일 뿐 아니라 이방인의 메시아로 오셨음을 보여줍니다. 구원의 보편성입니다. 누구든지 예수를 믿으면 구원받는다는 사실을 알려준 것입니다. 그런데 다섯 명의 여인들을 보면 평범하게 결혼한 사람이 없습니다. 다말은 시아버지 유다를 통해서 아들을 낳았습니다. 라합은 창녀, 기생이었습니다. 룻은 남편을 잃은 과부였다가 이스라엘로 와서 보아스와 재혼했습니다. 우리야의 아내 밧세바는 다윗과 간음하는 죄를 지었습니다. 마리아는 요셉과 정혼한 중에 성령으로 예수님을 잉태했습니다. 한 가문의 역사를 보여주는 족보에 감출법도 한 인간사를 그대로 내보인 것입니다. 예수님의 구원은 인간의 생각과 상식을 초월하는 역사가 있습니다. 예수님의 구원에는 한 사람도 소외되는 이가 없습니다. 우리가 죄인으로 여긴 사람도 예수님의 구원 역사에 능히 참여할 수 있습니다.

▌다윗의 자손, 유대인의 왕

예수님은 다윗의 자손입니다. '다윗의 자손'은 예수님이 유대인의 왕 되심을 강조하는 것입니다. "이새는 다윗 왕을 낳으니라"(마 1:6). 족보에는 유독 다윗만을 왕으로 언급합니다. 다윗 이후 솔로몬을 비롯해서 다른 왕들의 이름을 기록할 때는 왕이란 표현을 사용하지 않았습니다. 마태복음에는 다른 복음서에 비해 다윗이란 이름이 많이 등장하며 예수님을 다윗의 자손이라고 표현한 곳이 여덟 군데나 됩니다.

이스라엘 사람들이 가장 좋아하고 추앙하는 인물이 두 사람 있습니다. 한 사람은 이스라엘 민족의 시초라 할 수 있는 아브라함입니다. 아브라함은 하나님에 대한 믿음의 상징으로 각인되어 있습니다. 그리고 또 다른 한 사람은 바로 국가로서의 이스라엘의 초석을 놓은 다윗입니다. 이스라엘의 초석을 다졌을 뿐 아니라 가장 번영했던 시대를 열어놓은 왕이기도 합니다. 지금도 이스라엘 사람들은 다윗의 별을 국기로 삼고 다윗과 같은 인물이 메시아로 오기를 고대하고 있습니다. 예수님이 예루살렘에 입성하시던 때, 사람들이 종려나무 가지를 흔들며 외쳤던 '다윗의 자손 예수'라는 표현도 예수님이 이스라엘을 다스리는 왕이요, 메시아로서 오셨음을 나타낸 것입니다.

예수님은 세상 나라 통치자들과 구별되는 만왕의 왕이십니다. 나라의 흥망성쇠뿐 아니라 온 인류와 자연의 통치자이기도 하십니다.

▎그리스도 되신 예수

마태복음 1장의 족보는 단지 예수라는 인물의 계보가 아닌 예수 '그리스도'의 계보입니다. 아브라함과 다윗의 자손이라는 표현이 예수님의 인성을 보여주었다면, 그리스도라는 표현은 예수님의 신성을 나타내는 것입니다. 예수님은 인간의 몸을 입고 이 땅에 오신 하나님이십니다. "주는 그리스도시요, 살아계신 하나님의 아들이십니다"(마 16:16)라는 베드로의 고백은 예수님이 참인간이며 참하나님이란 사실을 고백한 것입니다.

헬라어로 그리스도란 말은 '기름 부음을 받은 자'라는 뜻입니다. 구약에서는 왕과 제사장, 선지자의 머리에 기름을 부어 세웠습니다. 그리스도는 왕과 제사장, 예언자의 역할을 동시에 감당하는 분입니다. 그리스도는 구원자이며 메시아입니다. 그러므로 예수님은

우리를 죄에서 구원하실 메시아, 그리스도이십니다.

아브라함으로부터 이스라엘 역사가 시작되었습니다. 다윗으로부터 이스라엘 왕국이 시작되었습니다. 그리고 예수 그리스도로부터 구원의 새 시대가 시작되었습니다. 하나님은 예수 그리스도 안에서 인류의 역사를 계속 이어가고 계십니다. 예수님은 유대 땅 베들레헴에서 탄생하셨지만 결코 유대인으로 머문 분이 아닙니다. 유대인의 구세주로 오신 분이 아닙니다. 유대인은 물론 온 인류의 구세주로 탄생하신 분입니다.

예수님은 모든 민족과 백성의 구원자가 되십니다. 인간은 누구나 죽습니다. 그러나 죽음이 끝이 아닙니다. 믿는 자에게 죽음은 끝이 아니라 새로운 생명의 문입니다. 예수 그리스도를 믿을 때 우리는 영생을 얻습니다. 영적 계보가 달라집니다.

여러분에게 예수님은 어떤 분이십니까?

의로운 사람, 요셉 _마 1:18~25

"아들을 낳으리니 이름을 예수라 하라 이는 그가 자기 백성을 그들의
죄에서 구원할 자이심이라 하니라"_마 1:21

▌성탄의 주인공

중국 현지에 있는 신학원 졸업식에 참석하기 위해 북경을 방문한
적이 있습니다. 마침 성탄 때라 북경 시내 상점마다 크리스마스 트
리가 대단했습니다. 미국이나 유럽 거리에서 화려한 성탄 장식을
보았다면 충분히 이해할 수 있었을 것입니다. 기독교 문화권이기
때문입니다. 그런데 사회주의 국가인 중국 거리에서 크리스마스 장
식을 보는 것은 다소 생소한 느낌이었습니다. 안내하던 선교사님에
따르면 세계 성탄 장식품의 50퍼센트 이상을 중국에서 만든다고
합니다. 그래서 '성탄절=장사 대박절'이란 공식이 중국 내에 만연
하다는 것입니다. 그러나 화려한 성탄 장식 어디에도 성탄의 주인

공인 예수님의 모습은 찾아볼 수 없었습니다. 이러한 모습은 비단 중국만의 모습은 아닐 것입니다. 오늘날 세계는 성탄절의 진짜 주인공인 예수님 없이 생일잔치를 하고 있습니다. 예수님보다 산타클로스나, 크리스마스 선물에 더 많은 관심이 있습니다. 그러나 성탄의 주인공은 예수님입니다.

예수님의 탄생과 관련한 등장인물 중 매우 중요한 역할임에도 불구하고 잘 언급되지 않는 인물이 있습니다. 바로 요셉입니다. 예수님의 육신의 아버지이자 마리아의 남편이었던 요셉, 그의 믿음과 순종이 없었다면, 그가 사랑의 사람이 아니었다면 아마도 마리아는 돌에 맞아 죽고 예수님은 태어나시지 못했을 수도 있습니다.

▎의로운 사람, 요셉

요셉은 다윗의 자손이요, 마리아의 남편이며 예수의 아버지입니다. 그의 직업은 목수였습니다. 이것이 요셉의 외적 이력이라면 성경은 그의 중심을 가리켜 '의로운 사람'이라고 기록했습니다. 요셉은 약혼자인 마리아가 결혼도 하기 전에 임신했다는 사실을 알게 되었습니다. '키두씽'이라고 불리는 유대인들의 약혼은 우리의 개념과 조금 다릅니다. 유대인들에게 약혼은 단순히 결혼을 약속한다는 의미를 넘어서 결혼의 첫 단계에 들어간 상태를 말합니다. 약혼보다는 정혼이란 표현이 더 정확합니다. 그래서 본문에는 요셉을 '마리아의 남편'으로, 마리아를 '네 아내 마리아'로 부르고 있는 것입니다. 요셉과 마리아는 '후파'라는 정식 결혼식만 올리지 않았을 뿐 부부나 다름없었습니다. 당시 이스라엘의 약혼한 남녀는 후파를 올리기 전까지 약 1년 정도 동거하지 않고 정혼 기간을 가졌습니다.

마리아와 요셉은 부부였지만 정식 결혼식을 올리지 않았고 정혼 기간 중에 있었기 때문에 아이를 가질 수는 없었습니다. 그런데 마리아가 임신했다고 하니 요셉의 입장에서는 아내가 부정을 저질렀거나 강간당했다고 생각할 수밖에 없는 상황이었습니다. 이럴 경우 남자는 신명기 22장에 근거하여 공개 재판을 열고 여자가 어떤 연유로 임신했는지 밝힐 수 있었습니다. 법대로 한다면 할 수 있었지만, 요셉은 그 일이 마리아에게 얼마나 큰 수치를 가져올지 알고 있었습니다. 만일 부정한 임신인 것을 밝힌다면 돌에 맞아 죽을 수도 있는 상황이었습니다.

그런데 요셉은 이 사실을 "드러내지 않고 가만히 끊고자" 했습니다. 마리아의 잘잘못을 따지지 않고 파혼하기로 한 것입니다. 여인의 잘못을 밝히지 못하고 파혼을 하게 되면 남자가 금전적인 보상을 해야 했습니다. 요셉은 약혼한 여인에 대한 실망감과 마음의 상처, 금전적인 손실까지 감수하면서도 마리아의 허물을 들추지 않았습니다. 자기의 법적 권리를 내세우기보다 상대방을 긍휼히 여기고 배려해주는 사랑의 사람이었습니다. 성경이 요셉을 의로운 사람이라고 부른 이유가 여기 있습니다. 요셉은 마리아를 진심으로 사랑했습니다. 자기를 배신한 여인, 부도덕한 여인으로 법정에 고소할수도 있었지만 손해를 감수하면서까지 조용히 수습하려 했습니다.

▌사랑, 의로움의 다른 이름

요셉과 같이 손해를 보더라도 남을 배려할 줄 아는 사람, 잘못을 드러내는 것이 아니라 허물을 덮어주는 사람이 의로운 사람입니다. 이러한 의로움을 우리는 사랑이라고도 표현합니다.

"무엇보다도 뜨겁게 서로 사랑할지니 사랑은 허다한 죄를 덮느니라."

_벧전 4:8

"허물을 덮어 주는 자는 사랑을 구하는 자요 그것을 거듭 말하는 자는 친한 벗을 이간하는 자니라."_잠 17:9

요셉은 마리아의 허물을 덮어주는 의로운 사람이었습니다. 사람들은 사랑과 정의를 상반되는 개념으로 알고 있지만 진정으로 의로운 사람은 사랑이 풍성합니다. 사랑이 없는 의로움, 다른 사람에 대한 연민이나 배려가 없는 의로움은 죽은 의입니다.

아무리 선한 일을 해도 사랑이 없으면 아무것도 아닙니다. 온전히 의롭다고 말할 수 없습니다. 어떤 사람은 자신의 생각과 행동이 진실이라면서 잘못한 사람들을 강렬하게 비판합니다. 그것은 의로운 것이 아니라 찌르는 가시에 불과합니다.

성탄의 참정신은 다른 사람의 죄를 드러내는 것이 아니라 우리의 죄보다 더 크신 하나님의 은혜와 사랑을 드러내는 것입니다. 예수님은 죄 많은 인생을 구원하시려고 세상에 오셨습니다. 우리의 죄를 사하려고 십자가를 지셨습니다. 예수님이 탄생하신 구유와 죽으신 십자가는 사랑의 정점입니다. 지저분하고 저주받은 인간을 죄에서 구원하신 사랑의 클라이맥스입니다.

믿음과 순종을 통한 의로움

마리아의 허물을 덮어준 의로운 요셉은 하나님의 말씀도 그대로 믿었습니다. 마태복음 1장 20절에서 보면 "이 일을 생각할 때에 주의 사자가 현몽하여 이르되 다윗의 자손 요셉아 네 아내 마리아 데려오기를 무서워하지 말라 그에게 잉태된 자는 성령으로 된 것이라"고 기록되었는데 요셉은 이 말씀을 듣는 즉시 의심치 않고 믿었으며 말씀대로 순종했습니다.

> "요셉이 잠에서 깨어 일어나 주의 사자의 분부대로 행하여 그의 아내를 데려왔으나 아들을 낳기까지 동침하지 아니하더니 낳으매 이름을 예수라 하니라."_마 1:24

요셉은 주의 사자가 말씀하신 대로 임신한 마리아를 데려와 결혼했습니다. 또한 성령으로 잉태한 아이가 태어날 때까지 기다렸습니다.

요셉은 말씀을 믿고, 순종했고, 말씀이 이루어질 때까지 동침하지 않고 기다렸습니다. 믿음의 사람은 순종하고 기다릴 줄 아는 사람입니다. 요셉은 꿈을 통해 주신 하나님의 음성에 민감했습니다. 때때로 합리적인 생각과 경험, 선입견이 하나님의 음성을 듣는 데

방해가 될 수 있습니다. 하나님이 말씀하실 때 우리는 영적인 민감함으로 그분의 음성에 집중해야 합니다.

예수님이 탄생한 이후에도 요셉은 영적인 민감함을 가지고 하나님의 음성에 귀 기울였습니다.

"그들이 떠난 후에 주의 사자가 요셉에게 현몽하여 이르되 헤롯이 아기를 찾아 죽이려 하니 일어나 아기와 그의 어머니를 데리고 애굽으로 피하여 내가 네게 이르기까지 거기 있으라 하시니."_마 2:13

하나님은 동방박사들이 헤롯을 떠난 뒤에 일어날 엄청난 사건으로부터 예수님의 가족을 보호하십니다. 요셉은 꿈에 주의 사자가 애굽으로 피하라고 하신 말씀을 받고 그 말씀대로 순종합니다. 헤롯 왕이 죽자 주의 사자는 다시 요셉의 꿈을 통해 아기를 데리고 이스라엘 땅으로 가라고 말씀하십니다. 요셉은 또 그대로 행합니다(마 2:19~21).

요셉은 꿈을 통해 주시는 하나님의 음성을 믿고 순종했습니다. 예수님의 탄생과 성장하는 중요한 순간마다 하나님의 음성에 귀를 기울인 요셉의 순종이 있었습니다. 종교개혁자 마르틴 루터Martin Luther, 1483~1546는 요셉의 의로운 행동에 대해 이렇게 말했습니다.

"성탄에 있어서 가장 큰 기적은 동정녀 마리아가 예수를 잉태한 것이 아니라, 요셉이 마리아가 성령으로 잉태되었다는 것을 믿은 것이다."

▎진정한 성탄의 기적

요셉은 동침한 적도 없는 아내가 성령으로 아이를 잉태했다는 소식을 하나님의 사자로부터 들었을 때 진정으로 그것을 믿었습니다. 이것이 성탄의 기적입니다. 요셉이 마리아를 부정한 여인으로 여기고 율법대로 했다면 예수님은 이 땅에 태어날 수 없었을 것입니다. 하나님의 뜻을 이룰 수 없었을 것입니다. 예수를 잉태한 마리아도 위대하지만 동정녀 탄생을 믿은 요셉의 믿음도 위대합니다. 요셉은 무슨 근거로 동정녀 탄생을 믿었을까요? 다윗의 자손인 유대인 요셉은 하나님의 말씀인 구약을 믿음으로 받아들였습니다. 구약의 예언 가운데 메시아 예언이 나옵니다.

> "그러므로 주께서 친히 징조를 너희에게 주실 것이라 보라 처녀가 잉태하여 아들을 낳을 것이요 그의 이름을 임마누엘이라 하리라."_사 7:14

요셉은 구약의 예언을 믿었고, 그 예언이 아내 마리아를 통하여 자신의 가정에 일어났다고 믿었던 것입니다.

하나님의 말씀이 그대로 이루어질 수 있음을 믿는 것이 참믿음입니다. 말씀이 오늘, 내가 있는 이곳에서 살아 역사한다는 사실을 믿으십시오. 우리가 눈으로 읽고 귀로 듣는 객관적인 말씀은 '로고스'입니다. 그 말씀이 내게 다가와 나에게 주시는 말씀으로 감동하며 새겨질 때 그 말씀은 '레마'가 됩니다. 요셉은 말씀을 '레마'로 받고 순종했습니다.

맥스 루케이도Max Lucado, 1955~는 그의 책 《하나님이 캐스팅한 사람들》에서 요셉을 다음과 같이 소개합니다.

　"순종하라. 요셉은 그렇게 했다. 천사가 불렀을 때 그는 순종했다. 마리아가 자초지종을 설명했을 때도 순종했다. 하나님께서 보내셨을 때도 그는 순종했다. 그는 하나님께 순종했다. 하늘이 밝을 때 그는 순종했다. 하늘이 어두울 때도 그는 순종했다. 그는 혼란스럽다고 해서 순종하지 않는 잘못을 저지르지는 않았다. 그는 모든 걸 다 알지 못했다. 하지만 아는 만큼 행했다. 당신은 어떤가? 요셉처럼 당신도 전체 그림은 볼 수 없다. 요셉처럼 당신이 할 수 있는 일 역시 예수님이 당신 세계의 한 부분으로 들어오시는 것을 지켜보는 것뿐이다. 그리고 요셉과 똑같이 당신에게도 순종할 것이냐 불순종할 것이냐 하는 선택권이 있다. 요셉이 순종했기에 세상을 변화시키는 일에 그를 들어 쓰셨다. 하나님은 당신에게도 똑같은 일을 하실 수 있다. 하나님은 오늘날에도 요셉 같은 사람을 찾으신다."

▎보이는 것과 보이지 않는 것

하나님의 구원 역사는 순종하는 사람을 통해 이루어집니다. 성경의 이야기를 다른 사람에게나 일어나는 이야기로 듣지 마십시오. 성경의 위대한 인물들 이야기가 나와 무관한 것이 아닙니다. 우리도 그와 같이 하나님 안에 있을 때 위대한 꿈을 이룰 수 있습니다. 성경 속 주인공처럼 될 수 있습니다. 믿을 때에, 순종할 때에 가능합니다. 어떤 이들은 복음을 전해도 허무맹랑한 신화 이야기라며 의심하고 도리어 비웃습니다. 보이지도 않는 천국이나 하나님을 말한다며 증거를 보이라고 말합니다.

보이는 것은 보이지 않는 것에 의해 움직입니다. 보이는 가전제품들이 보이지 않는 전기 에너지에 의해 움직이듯이 우리의 눈에 보이는 인류의 역사 가운데 보이지 않는 하나님이 일하십니다. 하나님은 또한 믿음의 사람들을 통해 일하십니다. 하나님의 역사는 믿음의 사람, 순종의 사람을 통하여 나타납니다.

요셉은 허물을 덮을 줄 아는 사랑의 사람이었고, 하나님의 말씀을 듣고 순종하는 믿음의 사람이었습니다. 그렇기에 성경은 요셉을 의로운 사람이라고 기록합니다. 의로운 사람 요셉과 같이, 우리 그리스도인들은 형제의 눈 속에 있는 티를 보고 비판하는 사람이 아니라 허물을 덮어주는 사랑의 사람이 되어야 합니다. 하나님의 말씀에 귀를 기울이시고 순종하는 믿음의 사람이 되십시오.

하나님은 예수님의 탄생을 위하여 요셉을 부르시고 중대한 역할을 맡기셨습니다. 하나님의 캐스팅에 신실하게 응답했던 요셉과 같이 오늘, 이 자리에서 우리를 부르시는 하나님 앞에 응답해야 합니다.

예수, 임마누엘의 하나님 _마 1:21~23

"보라 처녀가 잉태하여 아들을 낳을 것이요 그의 이름은 임마누엘이라
하리라 하셨으니 이를 번역한즉 하나님이 우리와 함께 계시다 함이라"

_마 1:23

▌성육신은 가장 큰 은혜입니다

덴마크의 실존주의 철학자 키르케고르Søren Aabye Kierkegaard, 1813~
1855가 한 이야기입니다.

덴마크의 왕이 아주 평범하고 가난한 농촌 소녀를 보고 사랑에
빠졌습니다. 그녀는 왕족도 아니고 정식으로 교육을 받은 것도 아
니었으며 가난한 농촌마을 오두막에 살고 있었습니다. 사랑에 빠진
왕은 늘 소녀를 생각했습니다. 어느 날 왕은 자신의 자문관들과 상
의했습니다. 그들은 더 이상 고민할 필요가 없다며 명령을 내려 당
장 그녀를 왕비로 삼으라고 자문했습니다. 왕은 그럴 만한 막강한

힘이 있었지만 강요하여 사랑을 얻고 싶지 않았습니다. 그러자 한 참모가 말했습니다. "시간을 갖고 소녀의 마음을 얻어보십시오. 소녀에게 지위를 내리고 선물을 보내십시오. 공주들이 입는 옷과 보석으로 치장하게 하고 교육을 시켜 왕궁으로 데려오면 되지 않습니까?" 왕은 그 제안도 마음에 들지 않았습니다. 소녀가 보석과 지위 때문이 아니라 진심으로 자기를 사랑하는 것인지 알고 싶었기 때문입니다. 고심하던 왕은 잠시 자기의 지위를 포기하고 평범한 시민의 자리로 내려가 소녀 근처에 머물기로 결심했습니다. 소녀와 가까워지기 위해 소녀와 같이 평범한 농부의 옷을 입었고 서민들의 음식을 먹었습니다. 불편한 환경도 감수했습니다. 그만큼 소녀를 사랑했고 그녀와 결혼하고 싶었기 때문입니다.

어떤 곤충 학자가 개미를 관찰했습니다. 개미 떼가 계속 기어가다가 벼랑으로 갑니다. 그렇게 가다가 몰살당하게 생겼습니다. 그는 마음속으로 생각했습니다. "내가 개미였다면 벼랑에 떨어지면 모두 죽는다고 말해줄 수 있을 텐데." 그는 정말 개미가 되어 개미를 구하고 싶었던 것입니다.

키르케고르의 이야기나 곤충학자의 이야기는 단순한 동화가 아닙니다. 인간을 사랑한 하나님의 이야기입니다. 하나님은 인간을 사랑하셨기 때문에 이 땅에 인간의 몸을 입고 오셨습니다. 성육신成肉身, Incarnation하신 것입니다. 하나님은 인간을 구원하시기 위해 인간의 몸을 입고 이 땅에 오셨습니다.

마태복음 1장 21~23절의 말씀은 인간의 몸을 입고 오실 하나님의 탄생을 예고합니다. 오실 메시아는 예수와 임마누엘, 두 이름을 가진 분입니다. 두 개의 이름에는 두 가지의 미션이 담겨 있습니다.

▌예수, 자기 백성을 그들의 죄에서 구원할 자

"아들을 낳으리니 이름을 예수라 하라 이는 그가 자기 백성을 그들의 죄에서 구원할 자이심이라."_마 1:21

예수는 그리스어로 '예수스', 히브리어로 '여호수아예슈아'입니다. '구원하다'라는 뜻을 가지고 있습니다. 예수라는 이름에는 이 땅에 예수님이 오신 이유가 분명하게 담겨 있습니다. 인간을 죄에서 구원하시기 위함입니다. 구원이란 말은 어떤 위기에서 구출받는 사건을 가리킵니다. 가난한 자는 가난에서, 병든 자는 병에서, 정치적으로 억압당한 이들은 억압에서 구원받길 원합니다. 그러나 성경에서 말하는 구원은 일상적인 위기와 구원이 아니라 본질적인 인간 존재의 구원을 말합니다. 바로 죄로부터의 구원입니다.

　인간이 공포를 느끼는 본질에는 죄와 죽음이 자리 잡고 있습니다. 죄는 죽음과 연결됩니다. 죽음은 끝이 아니라 그 이후가 있기에 두려운 것입니다. "한 번 죽는 것은 사람에게 정해진 것이요 그 후에는 심판이 있으리니"(히 9:27)라고 했습니다. 예수님은 죄에서 우리를 구원하시기 위해 태어나셨습니다. 뿐만 아니라 죄로 인한 죽음과 심판에서 우리를 구원하시기 위해 오셨습니다. 예수님은 십자가의 죽음과 부활로 구원을 완성하셨습니다.

〈나니아 연대기〉라는 영화를 아시지요? 영국의 기독교 저술가인 C. S. 루이스Clive Staples Lewis, 1898~1963가 어린이를 위해 쓴 동화를 영화로 만든 것입니다. 동화는 총 일곱 권으로 되어 있는데 첫 번째 책이 《사자, 마녀, 그리고 옷장》입니다. 이 책의 핵심은 예수 그리스도의 속죄의 죽음입니다. 예수님께서 인간의 죄를 대신 사해주시기 위해 죽으셨다는 것입니다. 이 책에서 사자 아슬란은 매우 중요한 캐릭터로 예수님을 상징합니다. 야곱은 아들들을 축복하며 유다를 사자에 비유했습니다. "유다는 사자 새끼로다 내 아들아 너는 움킨 것을 찢고 올라갔도다 그가 엎드리고 웅크림이 수사자 같고 암사자 같으니 누가 그를 범할 수 있으랴"(창 49:9). 예수님은 유다 지파에서 탄생하신 분입니다. 사자는 동물의 왕이며 어떤 존재도 범할 수 없습니다. 저자 루이스는 유다 지파에서 탄생하셨으며 인류의 왕인 예수님을 사자로 비유한 것입니다.

사자 아슬란은 반역죄를 범한 소년 에드먼드를 대신해 돌 탁자에서 죽습니다. 그러나 아슬란은 다시 살아나고 나니아의 모든 죽었던 것들이 새로운 생명을 얻기 시작합니다. 주인공들은 춤을 추며 축제를 벌입니다. 돌 탁자는 십자가를 상징합니다. 아슬란의 부활로 생명이 살아나듯 예수님의 부활이 인간에게 새로운 삶과 생명이 되었다는 메시지가 이야기 속에 담겨 있습니다.

하나님은 인간을 죄에서 구원하시기 위해 예수님을 이 땅에 보내셨습니다. 인간의 가장 근원적인 죄의 문제를 해결하기 위해서 예수님이 오셨습니다. 신학자 로이 레신Roy Lessin은 '인간에게 가장 필요한 것'이라는 유명한 글에서 다음과 같이 이야기합니다.

"인간에게 가장 필요한 것이 만약 지식이었다면 하나님은 세상을 이처럼 사랑하사 교육가를 보내셨을 것입니다. 인간에게 가장 필요한 것이 건강이었다면 하나님은 세상을 이처럼 사랑하사 의사를 우리에게 보내셨을 것입니다. 인간에게 가장 필요한 것이 돈과 재물이었다면 하나님은 세상을 이처럼 사랑하사 사업가를 보내셨을 것입니다. 인간에게 가장 필요한 것이 즐거움과 쾌락이었다면 하나님은 세상을 이처럼 사랑하사 연예인을 보내셨을 것입니다. 그러나 인간에게 가장 필요한 것은 죄 사함입니다. 죄의 용서 없이 우리는 편안하게 눈을 감지 못하고 죄 사함 없이 우리는 마지막 날 하나님 앞에 설 수가 없습니다. 죄 사함 없이 우리는 천국을 바라볼 수도 없습니다. 그래서 하나님은 세상을 이처럼 사랑하사 우리에게 구세주savior를 보내주셨습니다."

우리에게 보내주신 구세주, 그분이 바로 예수입니다.

▌예수님의 다른 이름, 임마누엘

성육신하신 메시아의 두 번째 이름은 임마누엘입니다.

"보라 처녀가 잉태하여 아들을 낳을 것이요 그의 이름은 임마누엘이라 하리라 하셨으니 이를 번역한즉 하나님이 우리와 함께 계시다 함이라."

_마 1:23

임마누엘의 임im은 히브리어로 '함께'라는 뜻입니다. 마누manu 는 '우리', 엘티은 '하나님'이란 뜻입니다. 그러므로 임마누엘은 '우리와 함께 하시는 하나님'이란 뜻입니다. 기가 막힌 의미입니다.

유럽 유학생 집회에 참석했던 목사님들과 강사 수련회를 할 때였습니다. 제가 말씀을 전하면서 "저는 예수님과 같은 성씨를 갖고 있는 것이 얼마나 영광인지 모릅니다. 예수님도 임씨, 저도 임마누엘 임씨"라고 했습니다. 대부분 웃으면서 들으시는데 한 분만 웃지 않으셨습니다. 대전 산성교회 지성업 목사님이셨습니다. 지 목사님은 사적인 자리에서 "임 목사님 설교에 다 동의하지만 예수님이 임씨라는 데는 동의할 수 없습니다"라고 했습니다. 저는 '지 목사님께서 농담을 너무 진지하게 받아들이셨네'라고 생각했습니다. 그런데 그다음에 지 목사님은 "예수님을 영어로 '지저스'라고 하죠. 예수님은 지저스 지씨입니다"라고 하시더군요. 함께 있던 목사님들과 배꼽을 잡고 웃었습니다.

임마누엘, 함께하시는 하나님은 지금, 이 자리에, 우리와도 함께하십니다. 하나님은 우리를 죄에서 건져내 구원하신 후에 그대로 방치해두신 분이 아닙니다. 구원하신 백성들과 늘 함께 계십니다. 눈동자같이 지키시고 보호하십니다. 시편 121편에는 "졸지도, 주무시지도 않고 지키신다"고 했습니다. 그분은 우리의 몸과 영혼, 우리의 출입을 밤낮 없이 지키시는 분입니다.

〈베어〉라는 영화를 보면 아빠 곰과 아기 곰이 나옵니다. 아기 곰이 표범 앞에 떨고 있었습니다. 금방 달려들어 공격할 듯했던 표범이 갑자기 고개를 숙이고 도망쳤습니다. 처음에 아기 곰은 영문을 몰랐습니다. 그런데 뒤를 돌아보니 아빠 곰이 버티고 있었습니다. 아빠 곰이 아기 곰과 함께했기 때문에 표범이 공격할 수 없었던 것입니다. 하나님이 함께하시면 그 무엇도 우리를 넘어뜨릴 수 없습니다.

메시아의 중요한 역할은 구원과 동시에 함께하심입니다. 마태복음은 '임마누엘' 예수님의 탄생을 알리는 천사의 메시지로 시작되고 부활하신 예수님의 말씀으로 끝을 맺습니다.

"내가 너희에게 분부한 모든 것을 가르쳐 지키게 하라 볼지어다 내가 세상 끝 날까지 너희와 항상 함께 있으리라 하시니라."_마 28:20

예수님은 승천하시기 전, 세상 끝 날까지 늘 그들과 함께 있겠다고 제자들에게 약속하셨습니다. 임마누엘 예수님은 오늘 우리에게도 말씀하십니다.

"내가 세상 끝 날까지 너를 떠나지 않고 항상 함께 있으리라."

▎늘 함께하시는 하나님

'나니아 연대기'의 일곱 권 가운데《말과 소년》이란 책이 있습니다.

여기에는 샤스타라는 소년이 주인공으로 등장합니다. 이 소년은 무덤과 계곡, 건조한 사막을 지나면서 생사의 고비를 넘길 때마다 누군가의 보호를 받습니다. 산길을 오르며 자신을 계속 따라오는 신비로운 임재를 느낀 샤스타는 크게 소리쳤습니다. "누구야? 지금

내 옆에 누가 있는 거야? 당신은 누구야?" 그때 조용한 목소리가 들렸습니다. "네가 죽은 자의 무덤에서 공포의 밤을 지내던 그 밤에 너를 위로했던 고양이가 바로 나였어. 네가 자는 동안 승냥이를 쫓아버린 사자도 바로 나였어. 네가 늦지 않고 루운 왕에게 도착하도록 너의 말들이 최선을 다해 달리도록 뒤쫓던 사자도 바로 나였어." 소년은 그의 이름을 묻습니다. 그때 지축을 흔드는 거대한 음성이 들렸습니다. "나는 스스로 있는 자야." '스스로 있는 자', 모세를 찾아온 하나님께서 말씀해주신 이름입니다.

임마누엘 하나님은 우리와 늘 함께하십니다. 사람은 배신하고 떠날 수 있습니다. 함께하겠다고 약속했던 사람들도 언젠가는 떠나고 맙니다. 친구도, 동료도, 가족들도 자의든 타의든 떠나는 날이 옵니다. 그러나 하나님은 결코 우리를 떠나지 않으십니다.

하나님은 늘 함께하셔서 우리를 보호하시고 인도하시며 구원하십니다. 이 땅에서 함께하신 하나님은 이 땅을 떠날 때에도 우리와 함께하실 것입니다. 우리와 늘 함께하시는 임마누엘 하나님을 찬양하는 것이 우리의 의무입니다.

동방박사의 경배 _마 2:1~12

"그들이 별을 보고 매우 크게 기뻐하고 기뻐하더라 집에 들어가 아기와 그의 어머니 마리아가 함께 있는 것을 보고 엎드려 아기께 경배하고 보배합을 열어 황금과 유향과 몰약을 예물로 드리니라 그들은 꿈에 헤롯에게로 돌아가지 말라 지시하심을 받아 다른 길로 고국에 돌아가니라"

_마 2:10~12

▎동방박사 이야기

신학교 입학 면접 때 신약을 가르치시는 교수님이 제게 이런 질문 하셨습니다. "자네 동방박사가 모두 몇 명인 줄 아나?" 저는 자신 있게 답했습니다. "네, 세 명입니다." 맞다고 하실 줄 알았습니다. "동방박사가 세 명이라고? 성경 어디에 나오지?" 제 목소리가 점점 작아졌습니다. "마태복음에 나오는 걸로 아는데요." "마태복음 어디?" "동방박사가 황금, 유향, 몰약 예물을 드렸다는 부분 말입니다.”“성경에 세 가지 예물을 드렸다는 내용은 있지만 동방박사가 세 명이란 기록은 없다네.”

정말로 그랬습니다. 동방박사들이 황금과 유향과 몰약을 선물로 드렸지만, 그들이 세 명이라는 기록은 성경 어디에도 없었습니다.

동방은 페르시아로 오늘날의 이란입니다. 박사라는 말은 헬라어로 ‘마고이’라고 하는데 좁게는 신에게 제사를 드리는 사제를 의미하고, 넓게는 이방 세계의 지혜를 대변하는 사람들을 가리킵니다. 이들은 철학과 문학, 천문학뿐 아니라 심지어 마법에도 능통한 자들로 알려졌습니다.

프랑스의 지성인 미셸 투르니에 Michel Tournier, 1924~2016가 쓴 《동방박사와 헤로데 대왕》이란 소설에는 카스파르, 멜키오르, 발타사르라는 세 명의 동방박사가 등장합니다. 그런데 이 소설에는 ‘타오르’라는 인물 한 명이 더 있습니다. 동방박사는 본래 동방의 왕들로 모두 네 명이었는데 타오르는 아기 예수님을 만나는 자리에 오지 못했습니다. 대신 타오르는 십자가에 달리신 예수님을 만났고 예수님의 성체를 모시게 되었다는 내용의 이야기입니다.

15세기 독일의 화가 알브레히트 뒤러 Albrecht Dürer, 1471~1528가 그린 〈동방박사의 경배〉라는 그림이 있습니다. 뒤러의 그림에서 아기 예수를 경배하는 박사들은 삶의 단계를 각각 상징하고 있습니다. 유럽을 상징하는 나이 든 동방박사는 황금을 바치고 있습니다. 아시아의 젊은 동방박사와 흑인으로 묘사된 아프리카의 동방박사는 유향과 몰약을 바치려고 순서를 기다리고 있습니다. 이 세 사람은 노년, 장년, 청년을 상징하며 당시에 알려져 있던 세 대륙을 우의적으로 표현하고 있습니다. 뒤러는 예수님이 인종과 피부, 대륙을 초월하여 누구에게나 경배받으실 분임을 그림으로 표현했습니다. 그는 그림 중앙에 있는 젊은 왕의 얼굴에 자기 모습을 그렸습니다. 이는 각자가 예수님을 경배하는 주인공이 되어야 한다는 화가의 생각을 반영한 것입니다.

▌동방박사의 경배

마태복음 2장 1~12절의 핵심 단어는 '경배'입니다. 동방박사들이 먼 길을 여행하여 아기 예수께 온 것은 바로 경배하기 위해서였습니다.

> "유대인의 왕으로 나신 이가 어디 계시냐 우리가 동방에서 그의 별을 보고 그에게 경배하러 왔노라 하니."_2절

'경배'라는 말은 헬라어로 '프로스퀴네오'입니다. 이 말은 인간이 신이나 왕을 섬기는 행위를 의미합니다. 동방박사들은 헤롯을 만나 자기들이 유대인의 왕, 메시아인 그리스도께 경배하기 위해 동방으로부터 왔다고 밝혔습니다. 실제로 예수님을 만났을 때 그들은 엎드려 경배했습니다.

별을 보고 찾아온 동방박사들에게 아기 예수는 반드시 경배해야 할 메시아였습니다.

그들은 별을 경배하지 않았습니다. 오직 아기 예수께 경배했습

니다. 별이 아무리 높고 화려해도 별의 사명은 그들을 예수께 인도하는 것입니다. 우리가 경배해야 할 대상은 달이나 태양, 큰 나무가 아닙니다. 사람도 아닙니다. 오직 예수님 한 분뿐입니다. 성령으로 잉태되어 탄생하신 예수님은 단순히 인간이 아닙니다. 성육신하신 하나님이십니다. 그래서 경배받기에 합당한 분입니다. 우리가 예수님께 나아올 때 학문적 호기심이나 정치적인 목적에서 나왔을 수도 있습니다. 개인적인 꿈을 이루기 위해 나왔을 수도 있습니다. 그러나 그것은 바른 목적이 아닙니다. 우리가 예수님께 나오는 가장 중요한 이유는 예수님을 경배하기 위해, 예배드리기 위해서입니다.

예수님께 경배한다는 것은 예수님을 나의 왕으로, 나의 주인으로 고백하는 것입니다. 동방박사들은 어떻게 예수님을 경배했을까요?

▎거리의 한계를 극복한 경배

동방박사들은 페르시아에서부터 온 사람들입니다. 페르시아에서 베들레헴까지의 거리는 상당히 멉니다. 산을 넘고 물을 건너 별을 따라서 왔습니다. 그들은 힘들고 먼 거리를 오직 별의 인도에 따라서 왔습니다. 거리의 한계를 극복하고 아기 예수께 경배하기 위해 온 것입니다. 반면에 대제사장들과 서기관들은 구약 예언을 통해 메시아가 베들레헴에서 나실 것을 알았습니다.

"베들레헴 에브라다야 너는 유다 족속 중에 작을지라도 이스라엘을 다스릴 자가 네게서 내게로 나올 것이라 그의 근본은 상고에, 영원에 있

느니라."_미 5:2

그럼에도 불구하고 그들은 예수님을 경배하러 가지 않았습니다. 예루살렘과 베들레헴의 거리는 불과 8킬로미터입니다.

주님께 예배드리는 일은 거리의 문제가 아닙니다. 마음의 문제입니다. 사랑하는 연인이 집이 멀다고 서로 안 만나겠습니까? 사랑은 국경도 초월합니다. 100년 전 한국 교회 성도들은 사경회에 참석하기 위해 부산에서 평양까지 보따리 싸서 갔습니다. 교통도 발달하지 않아 오는 데만 일주일 이상 걸렸습니다. 하지만 말씀을 사모하는 마음 때문에 먼 거리를 마다하지 않고 간 것입니다. 오늘날은 교통수단도 발달하고 자기 차도 가지고 있지만 모이는 것이 점점 어렵습니다. 예배 자리에 나오는 것이 쉽지 않습니다. 거리의 문제가 아니라 마음의 문제입니다. 예배자는 거리와 시간과 육체의 한계를 뛰어넘어 주님을 찾는 사람입니다.

▌크게 기뻐한 경배

별을 따라 가던 동방박사들은 예수님 계신 곳에 별이 머물자 크게 기뻐했습니다.

"그들이 별을 보고 매우 크게 기뻐하고 기뻐하더라."_마 2:10

우리는 예수님께 기쁨으로 예배드려야 합니다. 주님을 경배하는 일은 기뻐하고 기뻐할 일입니다. 세상에서 예수님을 만나는 일처럼 기쁜 일은 없습니다. 동방박사들은 유대인의 왕으로 나신 예수님이 누추한 마구간에 계시다고 실망하지 않았습니다. 외적인 환경이 그들의 경배를 방해할 수 없었습니다. 지저분한 마구간이 그들의 기쁨을 빼앗아가지도 못했습니다. 동방박사들은 기쁨으로 아기 예수님께 경배했습니다.

반면 헤롯은 유대인의 왕이 나셨다는 소식이 전혀 기쁘지 않았습니다. 헤롯은 열등감이 많은 인물입니다. 에돔 사람으로 로마식으로는 이두매 사람이라고 합니다. 그는 유대의 분봉 왕이 되기 위해 로마의 힘에 의지한 인물입니다. 유대인들은 그가 이두매 사람이기 때문에 유대인의 왕으로서는 정통성이 없다고 보았습니다. 헤롯은 자기의 정통성을 인정받기 위해 유대 하스몬 왕가와 결혼했습니다. 그러나 유대 백성들은 그를 인정하지 않았습니다. 그가 정신분열 증세가 있었다는 기록도 있습니다. 아들을 여럿 낳았지만 자신의 왕위를 위협한다고 생각해 모두 죽였습니다. 그런 헤롯에게 유대의 왕이 탄생했다는 소식이 들려왔으니 정말 경악할 일이었습니다.

불안한 헤롯은 동방박사들에게 자신의 본색을 숨기고는 자신도 유대인의 왕을 경배하러 갈 터이니 발견하는 대로 알려줄 것을 당부합니다. 헤롯은 자기 자리를 위험에 빠뜨릴 존재를 없애고 싶었습니다. 실제 헤롯은 이후 베들레헴 인근의 2세 이하의 사내아이들을 모두 죽이라는 명령을 내립니다.

아기 예수를 기쁨으로 경배했던 동방박사들과 아기 예수를 죽이려던 헤롯의 모습은 대조적입니다. 오늘날도 예수님을 경배하는 사람들이 있고, 예수님과 예배자들을 비난하고 조롱하는 사람들이 있습니다. 예수님을 경배하는 자리에 서는 것이 복된 일입니다.

▎최고의 예물을 드린 경배

동방박사들은 예수님께 황금과 유향과 몰약 세 가지 예물을 드렸습니다. 세 가지 예물은 믿음, 사랑, 소망으로 해석되기도 하고루터, 지혜와 기도, 금욕으로 풀이하기도 합니다. 영국 성공회 신약학자 마이클 그린Michael Green, 1930~은 세 가지 예물을 다음과 같이 해석합니다.

"황금은 왕에게 걸맞은 선물이다. 아기 옷을 입은 왕이 거기 있었다. 유향은 성전에서 제사장들이 항상 사용해오던 것이다. 하나님과 인간 사이에 최종적인 화해를 가져올 그 궁극적인 제사장이 그들 앞에 누워 있었다. 몰약은 시체를 방부 처리하는 데 사용되곤 하였다. 왕으로 태어난 그분은 죽기 위해 태어난 사람이었다. 그 세 가지 선물을 통해 우리는 그분이 누구인지 무엇을 하러 오셨는지 그분이 지불할 대가가 무엇인지 알게 된다."

그러나 무엇보다 중요한 것은 세 가지 모두 값지고 귀한 물건이었다는 것입니다. 동방박사들은 자신이 드릴 수 있는 최고의 예물을 왕 되신 예수님께 드렸습니다. 그들은 별을 보고 출발할 때부터 예물을 준비했습니다. 예수님께 드리는 예물은 준비된 예물이어야 합니다.

또한 예수님께 드리는 것은 가장 귀한 것이어야 합니다. 가장 귀한 예물이 무엇입니까? 바로 우리 자신입니다.

"그러므로 형제들아 내가 하나님의 모든 자비하심으로 너희를 권하노니 너희 몸을 하나님이 기뻐하시는 거룩한 산 제물로 드리라 이는 너희가 드릴 영적 예배니라." _롬 12:1

하나님이 받으시는 영적 예배는 우리 자신을 제물로 드리는 예배입니다. "제가 여기 있으니 저를 사용하십시오"라고 고백하는 예배가 되어야 합니다. 몸으로 드리는 예배는 삶으로 이어지는 예배를 말합니다. 존 비비어 John Bevere, 1959~는 《날마다 하나님께로 더 가까이》라는 책에서 "예배라는 것은 다름 아닌 순종의 삶이다. 진정한 순종이란 하나님의 소원을 마치 자신의 소원인 양 간주하고 수행하는 것, 하나님의 갈망이 곧 내 갈망이 되는 것"이라고 했습니다. 순종이 제사보다 낫다고 하셨듯이(삼상 15:22) 예배자는 순종하는 자가 되어야 합니다. 순종 또한 가장 귀한 예물입니다.

▌예배자를 인도하시는 하나님

동방박사들은 아기 예수께 경배한 후에 본국으로 돌아갔습니다. 하나님은 꿈을 통해 동방박사들에게 헤롯 궁이 아니라 다른 길로 가라고 지시하셨습니다. 만일 그들이 궁으로 갔다면 예수님이, 혹은 자신들이 큰 위험에 처할 수 있었을 것입니다.

동방박사들이 아기 예수를 경배하러 베들레헴에 온 것은 하나님의 인도하심이었습니다. 그리고 본국으로 돌아가는 길 또한 하나님이 인도하셨습니다. 하나님은 예배하는 자들을 다양한 길과 방법으로 인도하십니다.

오늘 우리는 동방박사들과 같이 거리와 시간, 육체의 한계를 뛰어넘는 예배자가 되어야 합니다. 주님을 만나는 예배 시간은 가장 기쁜 시간입니다. 우리가 가진 가장 고귀한 것, 무엇보다 우리 자신을 드리는 예배자가 됩시다.

4

내가 곧 길이요,
진리요, 생명이니

요한복음에 나타난 예수

내가 곧 길이요, 진리요, 생명이니 _요 14:1~6

"예수께서 이르시되 내가 곧 길이요 진리요 생명이니 나로 말미암지 않고는 아버지께로 올 자가 없느니라" _요 14:6

▌요한복음에 나타난 예수

요한복음은 다른 복음서들과는 조금 성격이 다릅니다. 다른 복음서 마태, 마가, 누가들이 역사적 사실 기술을 중점적으로 다룬 데 비해 요한복음은 신앙고백적 내용이 풍성합니다. 그렇기 때문에 요한복음에서는 예수께서 스스로를 정의한 내용이 자주 등장합니다. 헬라어로 "나는 ○○○이다에고 에이미, Ἐγώ εἰμι"라고 선언한 내용이 일곱 개가 있는데 그중에서 네 가지 뽑아서 살펴보도록 하겠습니다. 먼저 길과 진리와 생명되신 예수에 대해 보도록 하겠습니다.

요한복음 13~17장은 예수님의 고별설교입니다. 십자가에 달려 돌아가시기 전에 제자들에게 유언처럼 하신 말씀입니다.

예수님께서는 30세까지 아버지 요셉을 도와 목수 일을 하셨습니다. 그리고 30세 이후 3년 동안 복음을 전하는 공생애를 사셨습니다. 공생애 기간 대부분을 갈릴리 주변에서 활동하셨습니다. 그러다가 예수님은 공생애 마지막 시점에 예루살렘에 입성하시게 됩니다(요 12장).

예수님이 예루살렘 입성하실 때 이스라엘 사람들은 종려나무 가지를 흔들며 환영했습니다. 그래서 부활절 전 주일을 종려주일이라고 합니다. 사람들은 예수님이 이스라엘의 왕이 되셔서 이스라엘을 로마의 압제로부터 구원할 것이라 생각했습니다. 예수님을 정치적인 메시아로 생각한 것입니다. 예수님을 3년 동안 따라다녔던 제자들도 이스라엘 백성들과 똑같은 생각을 했습니다.

그런데 요한복음 13장을 보면 예루살렘에 입성하신 예수님께서 제자들의 발을 씻기신 후에 제자들의 기대와는 전혀 다른 말씀을 하십니다. 즉 제자들 중에 누군가 예수님을 팔 것이며, 예수님은 십자가에 달려 죽게 된다는 내용이었습니다. 그러자 제자들은 근심했습니다. 근심하는 제자들을 향해 예수님께서 하신 말씀이 요한복음 14장입니다.

▌근심의 이유

여기서 예수님은 "너희는 마음에 근심하지 말라 하나님을 믿으니 또 나를 믿으라"(요 14:1)고 하셨습니다. 이 말씀은 오늘 우리에게도 하시는 말씀입니다. 하나님을 믿는 우리들은 근심하지 말아야 합니다. 근심하지 않으려면 사람이 근심하는 몇 가지 이유를 알아야 합니다.

첫째, 잘 모르기 때문입니다

제자들은 예수님이 왜 돌아가셔야 하는지 몰랐습니다. 어디로 가시는지도 몰랐습니다. 예수님께서 이 세상에 오신 분명한 이유와 목적도 몰랐습니다. 그들이 예수님을 제대로 알았다면 근심하지 않았을 것입니다. 하나님의 뜻을 성취하는 예수님을 자랑스럽게 생각했을 것입니다. 그러나 그들은 무지했기에 근심했습니다. 예수님을 바로 알면 인생의 근심이 사라집니다. 그러나 제대로 모르면 교회 다니면서도 근심하며 삽니다. 온전한 사랑이 두려움을 내어 쫓는다고 했습니다. 하나님의 사랑에 대한 믿음이 있으면 근심과 두려움을 몰아낼 수 있습니다.

둘째, 세속적인 욕망 때문입니다

제자들은 3년 동안 고생하며 예수님을 따랐습니다. 그런데 예수님의 마지막이 십자가의 죽음이라고 하시자 그 사실을 받아들이기 어려웠을 것입니다. 사람들이 근심하는 원인을 가만히 보면 대개 욕심 때문입니다. 더 갖고 싶고, 더 높이 오르고 싶고, 더 인기를 얻고 싶은 욕심이 근심을 부릅니다.

셋째, 십자가 때문입니다

제자들은 자신의 스승이 십자가에 달려 죽는다는 사실을 수치스럽게 생각했을 것입니다. 당시 사람들은 나무에 달린 자는 저주를 받은 자라고 생각했습니다. 저주받은 스승을 따랐다는 것은 몹시 부끄러운 일이었습니다. 하지만 그들이 십자가를 바로 알았다면 모든 것이 기우라는 사실을 깨달았을 것입니다. 십자가가 저주의 상징이 아니라 구원의 능력임을 알았다면 오히려 십자가를 자랑했을 것입니다.

넷째, 외로움 때문입니다

그동안 함께 먹고 마시며 따랐던 스승이 떠난다 생각하니 제자들은 예수님의 자리가 크게 느껴졌을 것입니다. 마치 고아와 같이 버림받은 고독감이 생길 것입니다. 그래서 예수님은 "내가 너희를 고아와 같이 버려두지 아니하겠다"(요 14:18)고 하셨습니다. 예수님은 우리를 결코 고아처럼 내버려두시는 분이 아닙니다. 그러니 외로워하지 말아야 합니다. 세상 사람 모두 떠나도 예수님은 우리를 떠나지 않는 분입니다.

▌근심을 해결하는 길, 믿음

예수님은 제자들에게 너희는 외롭지 않다고 말씀하셨습니다. 그러니 근심하지 말라고 하셨습니다. 그리고 근심을 해결하는 길을 보이셨습니다. 바로 믿음입니다. 하나님을 믿으니 나를 믿으라 하셨습니다. 믿음은 근심을 해결하는 유일한 길입니다.

사람들은 자신이 바라는 소원이 이루어지면 근심이 없다고 말합

니다. 그러나 인간의 소원이란 이루어지기 전엔 불만이지만 이루어
놓고 난 후엔 근심과 불안으로 변하는 것입니다. 사람은 자신이 소
원한 것을 이루면 거기에 만족하기보다는 또 다른 소원을 갖습니
다. 그래서 끊임없이 근심하게 되고 불안합니다. 예수님은 믿음이
근심을 해결하는 유일한 길이라고 말씀하셨습니다.

예수님은 제자들에게 두 가지 믿음을 말씀하셨습니다.

첫째는 영원한 처소가 예비되어 있음을 믿으라고 하셨습니다.
우리의 죽음 저편에 영원한 세계가 있다는 믿음을 가질 때 우리는
근심하지 않게 됩니다.

"내 아버지 집에 거할 곳이 많도다 그렇지 않으면 너희에게 일렀으리라
내가 너희를 위하여 거처를 예비하러 가노니 가서 너희를 위하여 거처
를 예비하면 내가 다시 와서 너희를 내게로 영접하여 나 있는 곳에 너
희도 있게 하리라."_요 14:2~3

예수님이 말씀하신 처소는 영원한 천국을 말합니다. 예수님은
제자들에게 이 세상이 끝이 아니라 영원한 세계가 있음을 믿으라고
말씀하신 것입니다. 이 세상에서 힘 있는 자리 하나 얻는 것이 중요
한 것이 아닙니다. 영원한 세계에 갈 수 있는 믿음을 갖는 것이 훨
씬 중요합니다. 내세에 대한 믿음은 죽음의 두려움을 극복하게 합
니다. 세상을 당당하게 살 수 있는 힘입니다.

로마의 카타콤을 성지순례했을 때 일입니다. 카타콤은 로마의 압
제를 피해 신앙을 지키기 위해 지하에 무덤을 파고 기독교인들이

숨어서 생활했던 곳을 말합니다. 저는 그곳에서 의미 있는 글귀를 보았습니다. "제2의 세계를 생각하라." 우리가 사는 이 세상은 제1의 세상입니다. 그러나 제2의 세계, 죽음 이후의 세계가 있습니다. 카타콤에서 살던 신앙인들은 숱한 박해 속에서도 제2의 세계를 생각하며 인내했습니다. 북유럽의 성자 오 할레스비 Ole Hallesby, 1879~1961는 "당신의 마지막이 아름답도록 기도하라"고 했습니다.

둘째는 영원한 처소에 이르는 길이요 진리요 생명이신 예수를 믿으라고 하셨습니다. 예수님은 "내가 곧 길이요 진리요 생명이니 나로 말미암지 않고는 아버지께로 올 자가 없느니라"(요 14:6)고 하셨습니다. 예수님이 누구냐 물으면 제일 좋은 대답은 예수님이 직접 자신에 대해 표현하신 대답입니다. 예수님은 자신을 길, 진리, 생명이라고 표현하셨습니다.

▍길 되신 예수님

예수님은 우리 인생의 나침반이 되시는 분입니다. 어디에서 오고 어디로 가야 할지 알려주는 나침반입니다. 현대식으로 표현하면 내비게이션입니다. 예수님은 하나님을 만나는 유일한 길입니다. 영어 성경에 보면 "I'm The Way"라고 했습니다. 영어로 'The'라는 표현은 유일하다는 의미가 있습니다. 하나님을 만나는 바로 그 길, 유일한 길을 말합니다. 예수님은 인간과 하나님을 연결하는 길이 되시는 분입니다. 인간은 죄 때문에 스스로 하나님을 만날 수 없습니다. 그러나 예수 그리스도를 통하여 우리는 하나님과 만날 수 있습니다. 하나님은 예수님을 통해 자신을 보여주셨습니다. 이것을 계시라고 합니다. 자신을 드러내어 보여주셨다는 의미입니다.

또한 예수님은 사람과 사람이 만나는 길이십니다. 서로 원수가 되어 멀리 있는 사람들을 만나게 하시는 분입니다. 에베소서에서는 "이제는 전에 멀리 있던 너희가 그리스도 예수 안에서 그리스도의 피로 가까워졌느니라"(엡 2:13)고 했습니다. 서로 원수처럼 멀리 떨어져 있던 이방인과 유대인이 예수 그리스도의 십자가로 가까워졌습니다. 예수님이 길이 되신 것입니다. 용서하지 못하고 원수 맺는 사람도 예수님을 통하면 용서할 수 있습니다. 예수님은 분열로 벌어진 상처를 치유하는 길이 되십니다.

또한 예수님은 우리를 천국으로 인도하는 유일한 길입니다. "다른 이로써는 구원을 받을 수 없나니 천하 사람 중에 구원을 받을 만한 다른 이름을 우리에게 주신 일이 없음이라"(행 4:12)고 했습니다. 예수 그리스도 외에 구원을 얻을 수 있는 다른 이름은 없습니다. 구원은 오직 예수 그리스도를 통해서만이 가능합니다. 그래서 예수는 우리들을 천국으로 인도하는 길이십니다.

▌ 진리이신 예수님

예수님께서 진리이시라는 말에는 두 가지 의미가 있습니다.

먼저 깨끗하고 거짓이 없다는 의미입니다. 예수님은 죄가 없으시고 깨끗한 분입니다. 예수님은 거짓이 없습니다. 그분은 진실 그 자체이십니다. 반면 사탄은 거짓의 아비입니다.

또 하나의 의미는 변함이 없다는 것입니다. 진리는 변하지 않습니다. 아침과 저녁이 다르면 어떻게 믿고 따를 수 있습니까? 어제와 오늘이 다르면 어떻게 신뢰할 수 있습니까? 변하지 않아야 믿을 수 있습니다. 예수님은 영원히 변함없는 구원자이십니다.

"주님은 변함없이 나를 사랑하신다"는 말씀은 우리에게 큰 위로와 기쁨을 줍니다. 만일 내 감정과 사랑과 봉사에 따라 주님의 사랑도 변한다면 주님을 온전히 믿을 수 없습니다. 주님이 내 수준밖에 안 되기 때문입니다. 그러나 그분은 나의 변덕과 불평과 부족에도 불구하고 변함없이 우리를 사랑하는 분입니다. 그분이 하신 말씀은 변함이 없습니다. 그래서 성경은 진리입니다. 상대성 이론을 발견한 천재 과학자 알베르트 아인슈타인Albert Einstein, 1879~1955은 이렇게 말했습니다.

"내가 발견한 상대성 원리는 진리가 아니다. 새로운 학설이 나오면 언제든지 바뀔 수 있다. 그러나 성경은 변함없는 진리다. 예수만이 진리다."

예수님이 진리입니다. 그러므로 예수님은 우리 삶의 원리요 원칙이요 기준이 되십니다. 진리 되신 예수님을 바로 알면 자유합니다. "진리를 알지니 진리가 너희를 자유롭게 하리라"(요 8:32)고 했습니다. 예수님은 우리를 자유롭게 하는 진리이십니다.

▎생명이신 예수님

예수님이 생명이라는 데도 두 가지 의미가 있습니다. 예수님은 자신이 죽었다가 살아나셨기 때문에 생명이 되신 분입니다. 그리고 죽은 자도 살릴 수 있는 분이라는 의미에서도 예수님은 생명이십니다.

예수님 없는 우리 삶은 죽음입니다. 아무런 의미가 없습니다. "내가 네 행위를 아노니 네가 살았다 하는 이름은 가졌으나 죽은 자로다"(계 3:1)라는 말씀처럼 살아 있어도 죽은 것입니다. 생명이 없으면 지루합니다. 인형은 아무리 아름다워도 매력이 없습니다. 생명이 없기 때문입니다. 예수님은 생명을 주시기 위해 오신 분입니다.

예수 안에 살면 생명이 있습니다. 예수를 모신 마음에 생명이 있고 삶이 달라집니다. 인생의 의미를 알고 행복합니다.

옛날 옛적에 한 왕자가 있었습니다. 어느 날 왕자는 아름다운 새 한 마리를 선물받았습니다. 왕자는 그 새의 이름을 '트위트위'라고 지었습니다. 왕자는 사랑하는 새를 위해 황금으로 만든 새장을 지어주었습니다. 그러나 트위트위는 언제나 슬픈 표정이었습니다. 트위트위는 황금 새장을 벗어나고 싶은 마음뿐이었습니다. 하지만 왕자는 그 새가 너무 예쁘고 좋았기 때문에 놓아주려고 하지 않았습니다. 어느 날 트위트위는 왕자에게 한 가지 부탁을 했습니다. 숲속에 있는 자기 가족에게 자신이 붙잡혀 있긴 하지만 아직 죽지 않았다는 소식을 전해달라고 했

습니다. 왕자는 숲속에 들어가 트위트위 가족에게 그 소식을 전했습니다. 그 말을 듣자 트위트위의 언니 새가 나뭇가지에 앉아 있다가 갑자기 땅에 떨어져 눈을 감았습니다. 왕자는 언니 새가 트위트위에 대한 슬픈 소식을 듣고 죽은 것으로 생각했습니다. 아픈 마음으로 궁궐로 돌아와 그 소식을 트위트위에게 전했습니다. 그 말을 듣자 트위트위도 갑자기 새장 바닥에 떨어져 눈을 감고 말았습니다. 왕자는 트위트위도 언니 소식을 듣고 충격을 받아 죽은 것으로 생각했습니다. 왕자는 더 이상 황금 새장에 트위트위를 넣어둘 필요가 없다고 생각했습니다. 그래서 그 불쌍한 새를 새장에서 꺼내어 창밖으로 던졌습니다. 그 순간 죽은 줄 알았던 트위트위는 날개를 펴고 날아가 나뭇가지에 앉았습니다. 왕자는 놀랐습니다. 트위트위는 왕자에게 말했습니다. "왕자님이 슬픈 소식이라고 전해준 것이 실은 큰 교훈이었답니다. 언니는 죽은 척하여 나에게 도망칠 수 있는 길을 가르쳐준 것입니다. 언니 덕분에 저는 자유와 생명을 얻었습니다."

여기서 언니는 바로 예수님이십니다. 예수님은 우리의 생명을 구원하시는 길과 진리, 생명이 되시는 분이십니다.

나는 선한 목자라 _요 10:11~16

> "나는 선한 목자라 선한 목자는 양들을 위하여 목숨을 버리거니와 삯꾼
> 은 목자가 아니요 양도 제 양이 아니라 이리가 오는 것을 보면 양을 버
> 리고 달아나나니 이리가 양을 물어 가고 또 헤치느니라"_요 10:11~12

▌사람을 찾으시는 하나님

에드워드 바운즈는 "교회는 더 좋은 방법과 계획을 추구하지만 하
나님은 더 좋은 사람을 찾으신다. 성령의 역사는 어떤 방법이 아니
라 기도의 사람을 통해 이루어진다"고 말했습니다. 하나님은 방법
이나 계획 이전에 사람을 찾으십니다. 사람이 중요합니다.

지도자가 누구냐에 따라 공동체의 운명이 달라집니다. 예레미야
에 보면 이스라엘이 타락하여 멸망을 눈앞에 두고 있을 때, 하나님
은 "공의를 행하며 진리를 구하는 자를 한 사람이라도 찾으면 성
전체를 구하겠다"고 말씀하셨습니다(렘 5:1). 하나님 마음에 맞는

지도자 한 사람만 찾으면 나라를 구할 수 있습니다. 그런데 그런 지도자 한 사람이 없어서 예루살렘은 멸망하고 맙니다.

좋은 리더, 참된 리더는 언제나 필요하지만 오늘날 특히 필요합니다. 리더는 특별한 사람이 아닙니다. 누구나 리더가 될 수 있습니다.

리더십 분야에서 유명한 《리더십 챌린지》라는 책이 있습니다. 제임스 쿠제스James Kouzes와 배리 포스너Barry Posner, 1949~가 20년 동안 연구한 내용을 정리한 책입니다. 그 책에서 지은이들은 "리더십이 일부 비범한 사람들의 개인적인 전유물은 아니다. 리더십은 보통 사람이 자기 자신과 다른 사람의 최선을 이끌어내는 하나의 과정이다. 모든 사람들에게서 리더의 자질을 찾는다면 우리는 놀라운 일을 할 수 있다. 리더십은 모든 사람의 일이다"라고 했습니다. 우리도 사실상 리더입니다. 먼저 믿은 사람들은 세상에서 영적 리더이고 부모님은 가정에서 리더입니다. 참목자는 참리더를 말합니다.

《리더십 챌린지》는 리더가 갖추어야 할 가장 중요한 네 가지 항목을 제시합니다. 먼저 가장 중요한 것으로 정직honest을 꼽았으며, 그다음에는 멀리 내다볼 수 있는 능력인 선견지명forward looking과 비전을, 세 번째는 여러 사람을 이끌어갈 수 있는 능력competent을, 그리고 마지막으로 공동체에 힘을 불어넣는 사기함양inspiring을 제시했습니다.

리더의 모델은 예수님

리더에게 있어서 가장 중요한 요소는 신뢰받는 것입니다. 신뢰를 잃은 리더는 팀원들을 이끌기 어렵기 때문입니다. 신뢰를 얻으려면 정직해야 합니다. 그런 점에서 가장 좋은 리더의 모델은 예수님입니다. 예수님은 정직하고 선한 목자, 선한 리더입니다. 거짓이 없고 순전하신 분입니다.

목자는 성경에서 가장 친숙한 직업입니다. 팔레스타인 지역, 쉽게 말하면 이스라엘에 살던 사람들은 주로 목축업을 했기 때문에 목자는 가장 흔한 직업입니다. 아브라함도, 이삭도, 야곱도 목자였습니다. 모세도 미디안 광야에서 목자로 살았습니다. 다윗도 목동이었습니다. 목자 가운데 믿음의 조상, 위대한 지도자, 하나님 마음에 맞는 왕이 나왔습니다. 예수님이 탄생하셨을 때, 제일 먼저 와서 경배했던 사람들이 '양 틈에 자던 목자들' 입니다. 목자는 특별한 사람이 아니었습니다. 목축을 주업으로 하는 이스라엘에서 가장 일반적이고 평범한 사람이 목자입니다. 이렇게 누구나 리더가 될 수 있다는 것은 성경적입니다.

요한복음 10장에서 예수님은 자신을 선한 목자에 비유했고, 우리들을 양으로 비유하셨습니다. 선하다는 말은 헬라어로 칼로스라고 합니다. 칼로스는 외적으로나 내적으로 모두 아름답다는 의미가 있습니다. 내적으로나 외적으로 아름다운 모습이 선한 모습입니다.

예수님은 자신을 선한 목자라고 말씀하시면서 동시에 선한 목자와 차원이 다른 부류의 사람들에 대해서 말씀하셨습니다. 한 부류는 도둑과 강도입니다. 예수님은 "내가 너희에게 진리를 말한다.

양 우리에 문으로 들어가지 않고 다른 곳으로 넘어가는 사람은 도둑이며 강도다"(요 10:1, 쉬운성경)라고 했습니다. 도둑과 강도는 양을 해치는 나쁜 사람들입니다. 그리고 또 다른 부류는 삯꾼입니다. 삯꾼은 품삯을 받고 양을 돌보는 사람을 말합니다. 양에게 관심 있는 사람이 아니라 양을 돌보는 대가로 받는 이익에 관심이 있는 사람입니다. 그래서 삯꾼은 자기에게 불리한 일이 생기면 양들을 두고 도망갑니다(요 10:12).

▌선한 목자는 생명을 살리는 사람

선한 목자는 도둑이나 강도와 전혀 다릅니다. 또한 삯꾼과 차원이 다릅니다. 쉬운 성경으로 요한복음 10장 10절을 보면 이렇게 기록되어 있습니다.

"도둑은 훔치고, 죽이고, 파괴하기 위한 목적으로 온다. 그러나 나는 양들이 생명을 더욱 풍성히 얻게 하기 위해 왔다."

도둑이 오는 목적과 선한 목자가 오는 목적이 다릅니다. 도둑은 나쁜 목적으로 옵니다. 훔치고 죽이고 파괴하기 위한 목적으로 옵니다. 그러나 선한 목자 되신 예수님은 생명을 얻게 하고 더 풍성히 얻게 하기 위해 오셨습니다. 선한 목자는 생명을 살리고, 구원해 영원한 천국으로 인도하기 위해 오셨습니다.

하나님이 가장 기뻐하시는 일은 생명을 살리는 일입니다. 진정한 리더는 살리는 일을 하는 사람입니다. 나라의 지도자를 뽑을 때도 사람을 살리는 리더, 환경을 살리는 리더, 가정과 학교를 살리는 리더를 뽑아야 합니다.

베스트셀러 《이기는 습관》의 지은이 전옥표 박사는 삼성전자에서 일할 때, 다 쓰러져가던 매장도 그가 맡으면 몇 배로 수입을 올리는 매장으로 변화시켰다고 합니다. 그래서 사람들이 그에게 '호황을 누리는 매장, 잘 파는 사람'의 비결이 무엇이냐고 늘 물었다고 합니다. 그는 인생에서 성공하려면 '이기는 습관'을 지녀야 한다고 합니다. 성공의식, 이기는 의식이 있어야 한다는 말입니다. 이것을 신앙적으로 적용하면 '리더는 살리는 의식이 있는 사람'이라고 할 수 있습니다.

참리더는 예수님처럼 생명을 살리는 사람입니다. 생명을 살리려면 생명살림에 관심을 가져야 합니다. 생명을 살리기 위해 고민해야 하고, 생명 살리는 일을 해야 합니다. 그리스도인은 사람을 죽이는 편이 아니라 살리는 편에 서야 합니다. 생명을 살리는 가장 위대한 일은 바로 전도입니다. 영혼을 구원하는 일이 가장 선하고 위대한 일입니다.

지금부터 40여 년 전 전남 진도군 조도면 가사도란 섬에는 예수 믿는 사람이 하나도 없었다고 합니다. 어떤 전도사님이 그 섬을 예수 믿는 섬으로 변화시키려는 목적을 갖고 들어가서 전도를 시작했습니다. 마을 어른들은 아무리 전도해도 통하지가 않았습니다. 하지만 그 섬마을 이장에게 초등학생 아들이 있었는데 이 아이가 교회 나오기 시작했습니다. 아이가 은혜를 받고 엄마 아빠를 전도하고 싶어서 교회 가자고 했더니 이장이 발끈했습니다.

"내 아들에게 예수님 어쩌고저쩌고 하면 아들을 때려주겠으니 알아서 하시오."

전도사님은 더 이상 이장 아들에게 예수님을 전하기 어려운 상황이 되었습니다. 그 후 그 아들은 목포에 있는 중학교로 진학했고, 거기서 마음껏 교회에 다니기 시작했습니다. 방학 때 집에 가서 아버지에게 전도하다가 엄청나게 맞았습니다. 아들은 아버지를 피해 목포로 도망 나오면서 아버지에게 이렇게 말했습니다. "아버지, 큰 어려움을 당하거나, 죽을 위험에 처하면 하나님을 부르세요." 그런데 얼마 후 그 아버지가 고기 잡으러 바다에 나갔다가 배가 난파되어 죽을 위험에 빠졌습니다. 그때 이 아버지는 아들의 말이 생각났습니다. "하나님, 나 좀 살려주세요. 하나님 나 좀 살려주세요." 다급하게 외치고 있는데 갑자기 구조선이 나타났습니다. 그리고 무사히 구출을 받았습니다.

죽다가 살아난 이 아버지가 아들에게 연락을 해서 아들을 부르더니 아들을 앞에 두고 이렇게 이야기했습니다. "이제부터 우리 식구 모두 하나님을 믿기로 한다." 이 사건을 계기로 가사도에 교회가 생겼습니다. 섬 전체가 달라졌습니다.

한 사람이 선한 목적을 갖고 뿌린 생명의 씨앗이 섬 전체를 바꾸어놓았습니다. 예수님은 생명을 살리기 위해 오신 참목자이십니다. 우리도 예수님처럼 생명을 살리는 일에 관심을 가져야 합니다.

▌선한 목자는 자신을 희생하는 사람

예수님은 "나는 선한 목자다. 선한 목자는 양을 위하여 목숨을 내놓는다"고 하셨습니다. 삯꾼과 선한 목자는 다릅니다. 가장 큰 차이점은 희생의 차원입니다. 선한 목자는 양을 위해 희생합니다. 그러나 삯꾼은 어려움이 오면 피합니다. 손해 볼 것 같으면 도망갑니다. 양이 어떻게 되든 상관없습니다. 자신의 유익이 우선이기 때문입니다. 그러나 선한 목자는 자기를 희생해서라도 양을 구합니다. 한 마리 잃은 양 때문에 마음 아파하며 찾을 때까지 찾아다닙니다.

우리는 예수님을 주님이라고 부릅니다. 우리 인생의 주인이시기 때문입니다. 그분이 우리의 주인이 될 수 있는 이유는 바로 나를 위해 희생하셨기 때문입니다. 세상 사람들은 내가 어려울 때 나를 피합니다. 그러나 참목자이신 예수님은 언제나 내 곁에 계십니다. 그분은 우리가 어려우면 어려울수록 더욱 가까이 하십니다. 우리를 위해 십자가에 달려 죽기까지 고난당하신 예수님은 나를 위해 무엇이든 희생하실 분입니다.

기독교가 다른 종교와 다른 점은 지도자가 희생했다는 점입니다. 예수님은 온 인류를 구원하시려는 선한 목적을 갖고 오셨고 그 목적을 위해 자신을 희생하셨습니다. 희생에는 열매가 있습니다. 요한복음에 보면 "밀알이 땅에 떨어져 죽지 않으면 한 알 그대로 있지만, 죽으면 많은 열매를 맺는 법이다"(요 12:24, 쉬운성경)라고 했습니다. 한 알의 밀이 땅에 떨어져 죽는 희생이 있을 때 열매가 생기는 법입니다. 예수님이 십자가에서 희생하셨기 때문에 우리 모두는 영원한 생명의 열매를 맛볼 수 있게 된 것입니다.

가시고기는 물고기 중에 유일하게 둥지를 만드는 물고기입니다. 주둥이로 강바닥의 모래를 퍼내고 그곳에 둥지를 짓고, 수초까지 덮어 완벽한 산란의 보금자리를 꾸밉니다. 가시고기 수컷은 이때부터 알을 보호하기 위해 필사적인 노력을 합니다. 자신의 목숨을 걸고 몸집이 큰 물고기와 싸우기도 합니다. 가시고기 수컷은 보통 15일 동안 아무것도 먹지 않은 채 알을 보호합니다. 그리고 알이 부화할 무렵, 둥지 옆에서 죽습니다. 그러면 알에서 부화한 어린 물고기들이 제 아비의 살을 뜯어먹으며 성장합니다. 가시고기는 자식을 위해 생명을 바치고, 최후에는 몸까지 내어놓는 희생을 합니다. 그 부성애로 인해 가시고기의 부화율은 90퍼센트를 웃돈다고 합니다. 예수님의 사랑은 가시고기의 그것과 같습니다. 예수님의 십자가 희생이 수많은 영혼을 살립니다.

리더가 희생하면 개인도 살지만 공동체도 삽니다. 하지만 리더가 자기 욕심을 챙기면 공동체는 곧 분열하게 됩니다. 예수님은 한 목자 아래서 한 무리가 될 것이라고 하셨습니다(요 10:16). 예수님을 중심으로 우리는 하나가 될 수 있습니다. 참목자는 양들을 하나 되게 하며 좋은 관계를 형성합니다. 그러나 늑대는 양들을 흩어놓고 분열시킵니다. 분열시켜야 공격하기 좋기 때문입니다.

▎선한 목자는 양들을 잘 아는 사람

예수님께서는 "나도 내 양을 알고 내 양도 나를 안다"고 하셨습니다(요 10:14). 목자와 양 사이에 커뮤니케이션이 형성되었다는 것입니다. 이스라엘 사람들은 양의 우리를 공동으로 관리하는 경우가 많았다고 합니다. 저녁이 되면 목자들은 자기 양들을 한 우리로 데리고 옵니다. 그리고 아침에 우리에 가서 자기 양들을 불러냅니다. 서로 다른 목자의 양들이 섞여 있지만 목자는 자기 양들을 알아보고 그 이름을 하나씩 부릅니다. 그러면 양들은 또 자기 목자의 음성을 알아듣고 그 목자를 따라갑니다.

선한 목자는 양들의 이름을 각각 부릅니다. 목자는 양들과 개인적인 관계를 맺기 때문에 단 한 마리의 양도 소홀히 하지 않습니다. 예수님 또한 우리를 사랑하시되 나 한 사람만 사랑하는 것처럼 사랑하십니다. 예수님은 우리를 개인적으로 사랑하십니다. 우리의 이름을 개인적으로 불러주십니다.

어떤 남편이 자기 부인을 "어이, 이봐"라고 부르면 그 가정은 별볼 일 없습니다. 부모가 자녀를 부를 때 '야'라고 부르는 가정도 마찬가지입니다. 심지어 어떤 부모는 자녀를 부를 때 욕을 섞어가며 부르기도 합니다. 이는 자신의 자녀에게 좋지 않은 영향을 줄뿐 아니라 자기 자신도 모욕하는 일입니다.

예수님은 우리를 너무나도 잘 알고 계신 선한 목자이십니다. 우리의 약함도 아시고, 모순도 아십니다. 우리의 어려움도, 소원도 아십니다. 그러므로 우리는 선한 목자 되신 예수님을 전적으로 신뢰해야 합니다. 누군가를 안다는 의미 속에는 그 사람을 신뢰한다는 의미가 들어 있습니다. 양들은 자기 목자의 음성을 듣고 그 목자를 압니다. 그리고 그 목자를 따릅니다. 우리의 선한 목자이신 예수님은 반드시 푸른 초장 맑은 시냇가로 우리를 인도하시는 분입니다.

그분을 알면 그분을 믿고 따르게 됩니다.

　목자가 언제나 좋은 길로만 인도하는 것은 아닙니다. 궁극적으로는 좋은 길로 인도하지만 그 과정에 어려움은 있습니다. 푸른 풀밭, 맑은 시냇가로 가려면 골짜기도 지나고, 비탈길도 지나고, 돌밭도 지나야 합니다. 어렵고 힘든 길을 갈 때 불평할 수도 있습니다. 그러나 선한 목자를 믿고 따라가면 반드시 푸른 풀밭 맑은 시내물이 나옵니다. 예수님은 언제나 어디서나 믿고 따를 수 있는 참리더, 선한 목자이십니다.

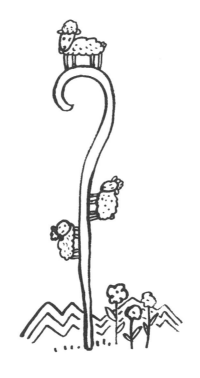

나는 생명의 떡이니 _요 6:30~35

"예수께서 이르시되 나는 생명의 떡이니 내게 오는 자는 결코 주리지
아니할 터이요 나를 믿는 자는 영원히 목마르지 아니하리라"_요 6:35

▌"그리고 그다음에는"

이탈리아 로마의 우르바노 대학교 강당에는 이런 글귀가 새겨져 있
다고 합니다.

"그리고 그다음에는."

오래 전 법대 졸업반에서 어렵게 공부하는 마페오 바르베리니라
는 고학생이 있었습니다. 경제적으로 너무 어려워 더 이상 학비를
감당할 힘이 없게 되자 이 학생은 성 필리포 네리Filippo Neri
1515~1595를 찾아가서 도움을 청했습니다. 필리포 네리는 젊은 법학
도의 어려운 사정을 듣고 그 즉시 도와주기로 했습니다. 그러고는
학생에게 다음과 같은 질문을 했습니다.

"그런데 이 돈으로 무엇을 하겠는가?"

그러자 바르베리니가 대답했습니다. "우선 법과대학을 마쳐야겠지요."

"그리고 그다음에는?"

"유능한 변호사가 되겠습니다."

"그리고 그다음에는?"

"돈을 많이 벌어서 어려운 사람을 도와주려고 합니다."

"그리고 그다음에는?"

"크고 멋진 집을 짓겠습니다."

"그리고 그다음에는?"

"결혼을 해야죠."

필리포 네리의 계속되는 질문에 대답하던 바르베리니는 결국 이런 생각까지 미치게 되었습니다. '그리고 그다음에는 나의 숨이 끊어지고 장례식이 있을 것이고 공동묘지에는 무덤 하나가 더 늘게 될 것이다.'

아무런 대답이 없는 바르베리니를 향해 네리는 입을 열었습니다.

"그다음에는 죽음이다. 그다음에는 심판이다. 그리고 그다음에는 영원이다."

그날 네리의 말이 인상 깊게 남았던 바르베리니는 법대를 마친 후 교황청에서 일을 했고 결국 1623년 교황이 되어 우르바노 대학교를 세웠다는 이야기가 전해집니다. 그가 바로 교황 우르바노 8세Urbano Ⅷ, 재위 1623~1644입니다. 그를 기념해서 우르바노 대학교 강당에는 "그리고 그다음에는"이란 글귀를 새겼다고 합니다.

┃인생의 궁극적인 문제와 그 해답

인생의 궁극적인 문제는 삶과 죽음의 문제입니다. 사람은 누구나 건강하게 오래 살고자 하는 욕구를 갖고 있습니다. 이왕이면 영생하고 싶은 욕구가 있습니다. 그러나 누구나 건강하게 오래 사는 것은 아닙니다. 누구나 영생하는 것도 아닙니다. 사람은 누구나 죽음을 극복하고 싶은 욕구가 있지만 그 누구도 죽음을 정복할 수는 없습니다. 삶과 죽음의 권세는 하나님께 속한 것입니다.

우리는 가끔 몹쓸 잘못을 저지른 사람이나 혹은 식물인간으로 누워만 지내는 사람 등을 보면서 '저런 사람은 차라리 빨리 죽는 것이 낫겠다'고 생각합니다. 그 사람 때문에 주변 사람들이 고통을 당하는 경우에 그런 생각을 많이 합니다. 그러나 그것은 사람 생각입니다. 정반대로 '이런 사람은 좀 더 살았으면 좋겠다'라고 생각하는 경우도 있습니다. 그 또한 사람 생각입니다. 삶과 죽음엔 하나님의 섭리가 있습니다. 그 하나님의 섭리를 인간이 모를 뿐입니다.

인생의 궁극적인 문제는 '삶과 죽음'의 문제입니다. 삶과 죽음의 문제는 다시 말하면 영생의 문제와도 연결됩니다. 이것이 인간의 가장 근본적인 욕구입니다. 그렇기 때문에 영생에 대한 해답을 아는 것이 가장 궁극적인 지혜입니다. 예수님께서는 요한복음에서 그 분명한 해답을 제시하셨습니다.

"예수께서 이르시되 나는 생명의 떡이니 내게 오는 자는 결코 주리지 아니할 터이요 나를 믿는 자는 영원히 목마르지 아니하리라."_요 6:35

예수님은 자신을 '생명의 떡'이라고 선언하셨습니다. 이 말씀 속엔 세 가지 의미가 담겨 있습니다.

▌예수님이 곧 하나님이십니다

예수님께서 나는 생명의 떡이라고 하실 때 사용하신 '나는'이라는 표현은 하나님에 대해서만 사용되는 표현입니다. 스스로 존재하시는 전능하신 하나님을 묘사할 때 사용하는 표현입니다(출 3:14). 예수님은 인간 반 하나님 반이 아닙니다. 그분은 온전한 하나님이요, 온전한 인간입니다.

예수님께서 인생 문제의 근본적인 해답이 될 수 있는 이유는 그분이 하나님이시기 때문입니다. 하나님은 우리를 지으신 분이요, 통치하시는 분이요, 구원하신 분이십니다. 우리의 앉고 일어서는 모든 것을 아시며, 겉과 속을 다 아시는 분입니다. 그래서 그분이 우리 인생의 해답이 되시는 것입니다.

우리 안에 예수님을 영접했다는 것은 곧 우리 안에 하나님이 계시다는 의미입니다. 고린도전서 12장 3절에 "성령으로 아니하고는 누구든지 예수를 주시라 할 수 없느니라"고 했습니다. 예수님을 주인으로 영접한 사람, 그분을 참된 나의 주인으로 고백한 사람은 성령 하나님께서 그 안에 계신 것입니다. 예수를 믿는 사람은 하나님을 품고 사는 사람입니다.

예수님이 인생의 해답입니다

인생의 해답은 예수님이십니다. 예수님이 우리에게 주시는 그 무엇이 아니라 바로 예수님 자신이 해답입니다.

꽤 오래전에 한 달여 정도를 세미나 참석차 미국 하와이에 다녀온 일이 있습니다. 적지 않은 시간을 떨어져 있다 보니 한국에 있던 딸아이가 저를 무척 보고 싶어 했습니다. 딸아이가 아빠를 보고 싶어 하니 저 역시 기분이 좋았습니다. 그러다 어느 날 숙소 근처 마켓에서 딸아이에게 줄 예쁜 머리띠를 하나 샀습니다. 그리고 그날 밤 딸아이와 통화할 때 "네게 줄 선물을 준비했다"고 이야기했습니다. 그러자 그때부터 딸아이가 아빠 언제 오시느냐며 더욱 애가 타기 시작했습니다. 한 달 만에 한국에 도착했더니 아내와 아이들이 공항에 마중 나와 있었습니다. 공항에서 나온 저를 보고 딸아이가 달려왔습니다. 저는 반갑게 안으려고 딸아이를 쳐다보고 있는데 딸아이는 저를 보지 않고 다른 곳을 보고 있었습니다. 제 가방 안에 있던 선물에 관심이 쏠려 있던 까닭입니다.

우리가 집중해야 할 분은 예수님이십니다. 예수님이 들고 오신 선물 꾸러미가 아닙니다. 예수님은 너희는 먼저 그의 나라와 의를 구하라고 하셨습니다. 먹고 마시고 입는 것보다 예수님을 먼저 구해야 합니다. 예수님은 생명의 떡입니다. 예수님만 계시면 생명을 얻은 것이며, 인생 전부를 얻은 것입니다. 신앙생활이란 예수님이 우리 인생의 전부임을 발견하고 그를 위해 사는 생활을 말합니다. 예수 믿고 물질 축복을 받고, 예수 믿고 건강하고, 예수 믿고 자녀들이 잘되는 축복은 근본적인 축복이 아니라 덤으로 주시는 것입니다. 이 모든 것을 다 얻는다 해도 생명의 떡이신 예수님을 잃으면 아무 소용이 없습니다. 그러나 예수를 얻으면 모든 것을 얻는 것입니다.

▌예수 안에 참된 만족이 있습니다

> "도둑이 오는 것은 도둑질하고 죽이고 멸망시키려는 것뿐이요 내가 온 것은 양으로 생명을 얻게 하고 더 풍성히 얻게 하려는 것이라." _요 10:10

예수님은 우리가 생명을 얻어 영원히 살 수 있는 길을 주시기 위해 오셨을 뿐 아니라 우리의 삶을 풍요롭게 하시기 위해 오셨습니다. 우리 인생을 풍요롭게 하시기 위해 예수님은 친히 생명의 떡이 되셨습니다.

예수님께서 탄생하신 곳은 베들레헴의 구유입니다. 구유는 말과 소의 먹이통입니다. 그 구유에 예수님이 누우셨습니다. 이는 예수님께서 태어나실 때부터 온 인류의 양식으로 오셨음을 드러내주고 있습니다. 온 인류의 생명의 떡으로, 온 인류의 영혼을 만족시키기 위해 오셨습니다.

세상이 주는 음식은 먹어도 먹어도 또 배가 고픕니다. 사람들은 예수님께서 행하신 오병이어의 기적을 통해 육신의 배고픔을 해소했습니다. 오병이어로 남자만 오천 명이 먹는 기적을 맛보았습니다. 예수님을 임금 삼으면 인생의 문제가 해결될 것 같았습니다. 하지만 예수님은 오병이어의 기적 이후에 자신을 임금 삼으려는 사람들을 피하여 혼자 산으로 올라가셨습니다(요 6:15). 예수님은 예수님이 주신 육신의 떡보다 생명의 떡이신 예수님을 믿는 것이 더 중요하다는 것을 몸으로 말씀하신 것입니다. 육신의 떡으로 만족하지 말고 예수님으로 만족하라는 것입니다.

세상이 주는 물은 아무리 먹어도 목이 마릅니다. 그러나 예수님이 주는 물은 영원히 목마르지 않는 물입니다.

"이 물을 마시는 자마다 다시 목마르려니와 내가 주는 물을 마시는 자는 영원히 목마르지 아니하리니 내가 주는 물은 그 속에서 영생하도록 솟아나는 샘물이 되리라."_요 4:13~14

예수님은 생명의 떡이자 영원한 생명수이십니다. 그 물을 먹는 사람은 영원한 만족을 누립니다. 예수님에게 나아오는 사람에겐 영원한 만족이 있습니다.

예수님은 "내게 오는 자는 결코 주리지 않으리라"고 하셨습니다. 예수님께 나아감으로 우리는 생명의 떡이신 예수님을 영접할 수 있으며, 그분이 주시는 은혜로 목마르지도, 배고프지도 않은 삶을 살아갈 수 있습니다.

나는 부활이요 생명이니 _요 11:17~27

"예수께서 이르시되 나는 부활이요 생명이니 나를 믿는 자는 죽어도 살
겠고 무릇 살아서 나를 믿는 자는 영원히 죽지 아니하리니 이것을 네가
믿느냐"_요 11:25~26

▌ 마르다의 부활 신앙

성경에는 수많은 기적 이야기가 있습니다. 복음서에는 예수님께서
행하신 기적이 35가지 나옵니다. 그중 요한복음에는 일곱 가지의
기적이 있는데 가장 마지막 기적이 나사로를 살리신 기적입니다.

예수님이 보이신 기적의 핵심은 죽은 자를 살리시는 것입니다.
예수님이 우리의 구주가 되시고 부활의 산 소망이 되시는 이유는
그분이 죽은 자를 살리셨고, 또 자신이 친히 죽은 자들 가운데 살아
나셨기 때문입니다.

나사로와 마르다, 마리아 삼남매는 예수님을 매우 사랑했습니

다. 예수님도 이 삼남매를 아끼셨습니다. 성경에서 예수님이 가장 많이 방문한 가정이 나사로의 가정입니다. 그런데 어느 날 마르다와 마리아의 오빠 나사로가 병들어 죽게 되었습니다. 예수님의 능력을 알고 있던 마르다와 마리아는 사람을 보내어 예수님께 오빠 소식을 알렸습니다. 당시 예수님은 그리 멀지 않은 지역에서 복음을 전하고 계셨습니다. 그런데 예수님은 그 소식을 듣고도 금방 오시지 않았습니다. 예수님께서 나사로가 있는 곳에 도착했을 때는 이미 나사로가 죽은 후였습니다. 죽은 지 나흘이나 지났다고 했습니다. 예수님께서 지각하신 것입니다.

늦었지만 예수님이 오셨다는 소식을 듣고 언니 마르다가 달려 나갔습니다. 예수님을 만난 마르다는 "주께서 여기 계셨더라면 내 오라버니가 죽지 아니하였겠나이다"(요 11:21)라고 했습니다. 늦게 도착하신 예수님에 대한 아쉬움과 원망이 섞여 있습니다. 그때 예수님은 "네 오라비가 다시 살아나리라"고 하셨습니다. 마르다는 "마지막 날 부활 때에는 다시 살아날 줄을 내가 아나이다"라고 했습니다. 마르다는 부활신앙을 갖고 있었지만 온전치 못했습니다. 바리새인들이 지닌 부활 신앙과 유사했습니다.

당시 유대인들은 크게 두 그룹이 있었습니다. 마지막 날 부활을 믿는 바리새파와 부활을 믿지 않는 사두개파 사람들입니다. 대부분 마지막 날 부활을 믿는 부활 신앙이 있었습니다. 그래서 이스라엘 풍속 중에 장례식이 끝나고 집으로 돌아오면 깨끗이 씻고 머리에 기름을 바르고 몸단장을 합니다. 그리고 식사를 하는데 반드시 삶은 달걀을 먹는다고 합니다. 달걀은 생명의 부활을 상징하기 때문입니다.

마르다도 이 부활 신앙을 갖고 있었습니다. 그러나 바리새인들의 부활 신앙이 그러하듯이 마르다의 부활 신앙도 매우 제한적이고 관념적이었습니다. 머리로만 믿는다는 것입니다. 마르다는 예수님의 능력이 미래에는 완성되겠지만 지금 여기서는 불완전하다고 생각하고 있었습니다. 예수님께서 이미 회당장 야이로의 딸도 고치셨고, 나인 성 과부의 아들도 살리셨습니다. 이런 소문은 당시 팔레스타인 지역에 파다했습니다. 마르다는 이런 소문을 듣고도 자신에게 적용시키지 않았습니다. 복음을 알아도 그 복음을 나에게 주는 능력의 말씀으로 받아들이지 않는 사람은 관념적 신앙인입니다. 예수를 알고 인정하지만 믿지 않는 사람입니다.

오늘날에도 마르다식의 신앙을 가진 사람들이 많습니다. 예수를 믿되 제한적으로 믿습니다. 어떤 사람은 우리가 부활하려면 매장을 해야지 화장하면 안 된다고 생각합니다. 예수님이 매장한 사람은 부활시킬 수 있고 화장한 사람은 부활시킬 수 없다는 말입니까? 이것은 예수님의 능력을 제한하는 것입니다. 주님은 무에서 유를 만드시는 분입니다. 아무것도 없는 데서 있게 하시는 분입니다. 주님의 능력은 무한합니다. 시공을 초월합니다.

또 어떤 분은 성경의 기적 이야기가 그 당시 예수님이 살아 계실 때에나 가능한 이야기로 믿습니다. 성경의 이야기를 믿되 성경의 역사가 오늘 우리와는 별 상관이 없다고 생각합니다. 이는 르네상스 시대 이성주의자들의 신앙입니다. 하나님은 세상을 창조하시긴 했지만 창조 이후에 더 이상 세상에 관여하지 않는다는 것입니다.

마치 시계 제작자가 시계를 만든 이후 더 이상 관여하지 않아도 시계가 알아서 잘 돌아가는 것과 같은 논리입니다.

그러나 이것은 대단한 불신앙입니다. 하나님은 오늘도 살아 역사하시는 분입니다. 예수님은 과거 2,000년 전에만 살아 계셨던 분이 아닙니다. 예수님을 과거란 시간 속에 가두어두면 안 됩니다. 그분은 부활하셨고 승천하시어 지금도 하나님 보좌 우편에 계신 분입니다. 지금도 우리 곁에서 역사하시며 우리와 함께 계신 분입니다.

▌네가 믿느냐

신앙은 현재진행형입니다. 과거에 열심히 믿은 것만으론 안 됩니다. 미래에 대한 막연한 믿음으로도 안 됩니다. 지금 이 자리에서 믿음을 갖고 있어야 합니다. 믿음이 문젭니다. 예수님은 마르다에게 "나는 부활이요 생명이니 나를 믿는 자는 죽어도 살겠고 무릇 살아서 나를 믿는 자는 영원히 죽지 아니하리니 이것을 네가 믿느냐"(요 11:25~26)라고 하셨습니다.

예수님은 스스로를 "부활이요 생명"이라고 했습니다. 이것을 믿을 때 예수의 부활과 생명이 우리의 것이 됩니다. 예수님은 마르다에게 이것을 네가 믿느냐고 물으셨습니다. 다른 사람들의 믿음이 아니라 '나'의 믿음을 물으신 것입니다. 사도신경에 보면 "전능하사 천지를 만드신 하나님 아버지를 내가 믿사오며"라고 했습니다. 내가 믿는 것이 중요합니다. 부모님의 신앙 때문에 구원받는 것도, 큰 교회 다닌다고 믿음이 좋아지고 구원받는 것도 아닙니다. 유명한 목사님 때문에 구원받는 것도 아닙니다. 나 자신이 예수님을, 예수님의 부활을 믿어야 합니다.

부활은 신비입니다. 신비이기 때문에 인간의 상식과 이성으로 알 수 있는 진리가 아닙니다. 믿어야 알 수 있는 것이 신비입니다. 예수님이 죽으셨다가 사흘 만에 부활하신 일은 당시 제자들에게도 믿기지 않는 신비였습니다. 심지어 예수의 제자 도마도 처음엔 예수님의 부활을 믿지 못했습니다. 제자들이 부활하신 예수를 보았다고 말해도 도마는 그 못 자국 난 손에 만져보지 않고는 믿지 않겠다고 했습니다. 그 옆구리의 창 자국에 자기 손을 넣어보아야 믿겠다고 했습니다. 그때 예수님이 나타나셨습니다. 도마는 주님 앞에 무릎을 꿇었습니다. 예수님은 "너는 나를 본 고로 믿느냐, 보지 않고 믿는 자가 복되다"고 하셨습니다. 보지 않고 믿는 것이 진짜 믿음입니다.

부활은 분명한 사실입니다. 사람이 이성을 원하는 것은 이성이 있기 때문입니다. 여자가 남자를 원하고, 남자가 여자를 원하는 이유는 여자와 남자가 있기 때문입니다. 사람이 음식을 먹고 싶어 하는 이유는 음식이 있기 때문입니다. 사람은 건강하게 오래 살기 원합니다. 이왕이면 죽지 않고 살았으면 좋겠다는 마음을 갖고 있습니다. 죽지 않고 영원히 살기 원하는 것은 영원이 있기 때문입니다. 사람에겐 죽음도 있고 영원도 있습니다.

❙ 부활, 그리스도인의 가장 위대한 소망

기독교 변증가요 저술가인 조시 맥도웰Josh McDowell, 1939~은 《Evidence for the Resurrection부활의 증거》에서 예수 부활의 증거를 제시했습니다. 예수님의 무덤 봉인이 떨어진 사실과, 무덤 입구의 돌이 옮겨져 있었다는 사실, 그리고 비어 있는 무덤, 로마 병사의 도주, 예수 시신은 없고 세마포만 정돈된 무덤 상태, 부활하신 예수님을 목격한 증인들 등 일곱 가지 증거를 제시했는데, 이 모든 것보다 더 중요한 사실은 예수의 죽음 이후 변화된 제자들의 삶이 예수의 부활을 증거하는 충분조건이 된다는 사실입니다.

부활이 사실이 아니라면 우리의 믿음은 헛것입니다. 바울은 부활을 믿지 못하면서 교회 나오고 예수를 따르는 것은 세상에서 가장 불쌍한 일이라고 했습니다. 부활 신앙은 기독교 신앙의 핵심입니다. 우리는 부활을 믿기 때문에 죽음을 두려워하지 않는 것입니다. 부활은 가장 위대한 소망입니다.

예수님은 "나는 부활이요 생명이라"고 하셨습니다. 예수님에게는 죽음이 없습니다. 예수를 믿으면 죽어도 살고 살아 있는 동안에 예수님이 재림하시면 죽음을 경험하지 않게 됩니다. 부활 신앙을 갖게 되면 죽음을 패배자의 눈이 아니라 승리자의 눈으로 보게 됩니다. 두려움이 아니라 소망의 눈으로 보게 됩니다. 헨리 나우웬Henri Nouwen, 1932~1996은 "죽음은 시간의 세상에서 영원의 세상으로 가는 통로"라고 했습니다. 보지 못하고, 듣지 못하고, 말하지 못했던 헬렌 켈러Helen Keller, 1880~1968도 "사후 세계를 믿습니까?"라는 질문에(1950년 영화배우 릴리 파이머의 질문) 이렇게 대답했습니다.

"물론입니다. 사후 세계는 죽음이라는 방에서 영생이라는 방으로 방을 옮겨가는 것과 같습니다."

그러므로 부활 신앙을 지닌 사람은 결코 죽음을 두려워하지 않습니다. 두려워할 필요가 없습니다. 사실 진정한 죽음은 육체의 죽음이 아닙니다. 죄로 인해 하나님과 영원히 단절되는 것입니다. 참된 죽음은 영적인 죽음입니다. 육체가 죽기 전에도 이미 영적으로 죽어 있는 사람들이 이 세상에는 너무도 많습니다. 하나님을 모르는 사람, 하나님을 부인하는 사람이 바로 영적으로 죽은 사람들입니다. 부활도 없고, 영생도 없다고 하는 사람이 바로 영적으로 죽은 사람입니다. 단지 이 세상에서 살다가 가면 그만이라는 생각도 영적으로 죽은 자의 생각입니다.

히브리서 9장 27절에 보면 "한 번 죽는 것은 사람에게 정해진 것이요 그 후에는 심판이 있으리니"라고 했습니다. 죽음은 반드시 있습니다. 죽음 후의 세계도 있습니다. 심판도 있습니다. 믿는 자는 심판을 두려워할 필요가 없습니다. 예수님 때문에 영원한 천국으로 가기 때문입니다. 그러나 믿음이 없는 자에겐 심판이 두려운 것입니다. 부활 신앙이 없는 사람은 죽음이 두렵습니다. 그러나 부활 신앙을 지닌 사람은 죽음을 이깁니다.

▎부활의 소망을 전하라

부활은 단순한 원기회복이 아닙니다. 다 죽어가던 사람이 산소호흡기에 의지해 겨우 살아난 그런 모습이 아닙니다. 부활은 환생이나 회생이 아닙니다. 나이 들어 죽은 사람이 나이 든 모습으로 회생한다면 무슨 소망이 있습니까? 성경에서 말하는 부활은 영화로운 몸으로의 부활입니다.

열한 명의 자녀를 둔 한 여인이 사고로 남편을 잃었습니다. 집은 가난했고 먹을 것도 없었습니다. 열한 명의 아이들을 키우려고 생각하니 막막하기만 했습니다. 그래서 죽으려고 강으로 갔습니다. 당시는 겨울이라 강이 얼었습니다. 얼음을 깨고 아이들을 하나씩 강에 넣고 자신도 죽으려고 했습니다. 그런데 얼음을 깨자 빈병 하나가 떠올랐습니다. 뚜껑을 열어보니 거기에 편지가 있었습니다. 그 편지에는 이렇게 쓰여 있었습니다. "살아 있는 사람에게는 누구나 희망이 있다. 비록 개라고 하더라도 살아 있으면 죽은 사자보다 낫다." 전도서 9장 4절의 이야기입니다.

미국에 가우스라는 할머니가 콜라병 같은 빈병을 200~300개씩 모아 놓았다가 거기에 전도지를 넣어서 바다나 강에 던졌습니다. 낚시를 하던 사람이 그걸 읽고 회심을 하기도 하고, 강에 빠져 죽으려 했던 사람이 그걸 읽고 살기도 했다고 합니다. 그 할머니가 돌아가시기 직전에도 200개 정도의 콜라병을 강에 던졌는데 그 병이 9년 만에 아이 열한 명을 데리고 죽으려고 했던 그 여인의 손에 들어간 것입니다. 그 여인은 전도지를 보고 희망을 얻었고 자살 대신 생명의 길을 택했습니다. 빈병에 들어 있는 메시지를 통해 하나님을 알게 되고 예수를 알게 되고 영생을 알게 되었습니다.

열한 명의 자녀와 함께 자살하려고 한 그 여인이 그 말씀을 통해 그 자리에서 소망을 갖게 되었습니다. 죽고자 했던 자가 살고자 하는 소망을 갖게 된 것입니다. 주님이 그 자리에서 말씀을 통해 역사하신 것입니다. 만일 가우스 할머니가 강에다 전도지가 든 병을 던지지 않았다면 그 여인과 열한 명의 아이들은 죽었을 것입니다.

누군가 나에게 복음을 전했기 때문에 내가 예수님을 믿고 교회에 나올 수 있게 된 것입니다. 누군가 나에게 이 세상의 삶이 끝이 아니고 영원한 생명이 있음을 전했기 때문에 내가 영생의 소망을 알게 된 것입니다. 전하는 자가 있었기 때문에 믿는 자가 생긴 것입니다. 부활 소식을 전하는 것은 죽을 생명을 살리는 일입니다. 예수님이 부활이요 생명이라고 만방에 외치는 일은 부활의 기쁨을 이웃에게 누리게 하는 일입니다.

5

땅 끝까지 이르러
내 증인이 되리라

동방의 안디옥을 꿈꾸며

동방의 안디옥을 꿈꾸는 교회 _행 13:1~3

"안디옥 교회에 선지자들과 교사들이 있으니 …… 주를 섬겨 금식할 때에 성령이 이르시되 내가 불러 시키는 일을 위하여 바나바와 사울을 따로 세우라 하시니 이에 금식하며 기도하고 두 사람에게 안수하여 보내니라"_행 13:1~3

▌예루살렘 교회와 안디옥 교회

초대교회는 교회가 본받을 모델입니다. 종교개혁가 마르틴 루터도 "초대교회로 돌아가자"고 외쳤습니다. 루터는 16세기 당시 부패한 가톨릭을 보면서 교회의 본래 모습을 회복하기를 간절히 원했습니다. 루터는 처음부터 종교개혁을 의도한 것이 아닙니다. 교회의 본질을 찾으려는 노력이 종교개혁으로 번진 것입니다. 그는 세워진 교회들이 진정한 교회, 성경이 말하는 교회, 초대교회의 모습을 회복하길 원했습니다. 초대교회는 성경적인 교회이며, 성령이 이끄시는 교회였습니다.

예수님 승천하신 이후 120문도가 마가 다락방에 모여 기도할 때 성령이 임했습니다. 기도하던 이들에게 방언의 역사가 일어났습니다. 그들은 성령이 임한 후 담대히 복음을 전하기 시작했습니다. 그리고 교회가 세워졌습니다. 오순절 성령 강림 사건은 교회가 탄생하는 사건이었습니다. 교회와 성령은 불가분의 관계입니다. 성령이 역사하지 않는 교회는 교회가 아닙니다.

그중에서 예루살렘 교회는 대표적인 초대교회입니다. 베드로, 야고보, 요한과 같은 예수님의 제자들이 예루살렘 교회를 이끌었습니다. 성도들은 예수님의 제자들로부터 직접 말씀을 배웠습니다. 사도들은 기사와 이적을 행했고 교회는 날로 부흥했습니다. 물건을 서로 통용하고, 나누는 아름다운 공동체였습니다. 그런데 하나님은 예루살렘 교회가 그 모습 그대로 안주하는 것을 원치 않으셨습니다. 하나님은 예루살렘 교회를 흩으셨습니다. 예루살렘 교회는 스데반이 순교한 이후 박해를 받으며 위기를 맞습니다(사도행전 7~8장). 그러나 하나님은 위기를 복음 전파의 기회로 삼게 하셨습니다. 흩어진 성도들을 통해 곳곳으로 복음이 전해졌습니다. 빌립 집사를 통해 사마리아에 복음이 전파되고, 아프리카 에티오피아의 내시가 복음을 받아들이게 되었습니다. 위기의 때가 복음 전파의 기회로 바뀌었습니다.

"오직 성령이 너희에게 임하시면 너희가 권능을 받고 예루살렘과 온 유대와 사마리아와 땅끝까지 이르러 내 증인이 되리라."_행 1:8

하나님은 말씀대로 역사하셨습니다. 복음은 점점 확산되어 유다와 사마리아의 울타리를 넘어 세계로 뻗어갔습니다. 안디옥에 이방 선교를 위한 교회가 최초로 세워지게 되었습니다. 안디옥은 로마, 콘스탄티노플과 더불어 로마 제국의 3대 도시 가운데 하나였으며 무역과 상업의 중심지였습니다. 이곳에 세워진 안디옥 교회는 이방 선교의 전초 기지가 되었습니다.

또한 안디옥 교회는 최초로 선교사가 파송된 교회이며, 최초로 그리스도인이란 소리를 들은 교회입니다. 안디옥 교회는 하나님이 기뻐하시는 꿈, 선교의 꿈을 꾸는 교회였습니다.

┃ 안디옥 교회의 특징

안디옥 교회에는 몇 가지 특징이 있었습니다. 첫 번째 특징은 다양한 영적 지도자들이 존재했다는 것입니다.

> "안디옥 교회에 선지자들과 교사들이 있으니 곧 바나바와 니게르라 하는 시므온과 구레네 사람 루기오와 분봉왕 헤롯의 젖동생 마나엔과 및 사울이라."_행 13:1

말씀처럼 안디옥 교회에는 바나바, 시므온, 루기오, 마나엔, 사울 등 여러 지도자들이 있었습니다. 바나바는 우리가 너무나 잘 아는 인물입니다. 사울, 즉 바울을 교회에 소개한 인물이자 바울의 멘토 역할을 했던 사람이 바로 바나바입니다. 그는 하나님의 은혜를 아는 인물이었고, 착한 사람이었다고 성경은 기록하고 있습니다. 성령과 믿음이 충만한 사람이었습니다. 지도자로서의 자격이 거의 완벽에 가까운 인물입니다.

니게르라 하는 시므온과 구레네 사람 루기오는 흑인이었습니다. 분봉왕 헤롯의 젖동생 마나엔도 안디옥 교회의 지도자였습니다. 사울은 우리가 잘 아는 사도 바울입니다. 안디옥 교회의 지도자들은 다양한 계층과 신분을 가진 사람들이었습니다. 서로 달랐지만 그리스도로 인해 하나 되어 함께 일했습니다. 교회에는 다양성 속에 통일성이 있습니다. 바로 주 예수 그리스도를 위해서 일한다는 공통점입니다.

안디옥 교회의 두 번째 특징은 주님을 잘 섬기는 교회였다는 것입니다.

"주를 섬겨 금식할 때에."_행 13:2

안디옥 교회 성도들은 신분이나 출신, 생각, 배경이 다른 사람들이었습니다. 서로 다른 사람들이 안디옥 교회에 모여 하나님의 꿈을 꾸었습니다. 하나님이 기뻐하시는 생명 살리는 일을 위한 꿈이었습니다. 교회는 자신의 존재 목적을 잘 알아야 합니다. 왜 존재하는지를 잊으면 전부를 잃고 맙니다. 교회는 교회 자체를 위해 존재하는 것이 아니라 주를 섬기기 위해 존재하는 것입니다. 교회는 자신의 꿈을 꾸는 것이 아니라 주님의 꿈을 함께 꿉니다.

때때로 신앙생활 하다가 시험에 들었다는 말을 듣게 됩니다. 그 이유가 뭘까요? 주님을 섬기지 않고 자아를 섬기기 때문입니다. 내 기분, 내 감정, 내 생각에 집중하기 때문입니다. 환경이 아니라 예수님을 바라보십시오. 누구 때문에 시험 들고, 누구 때문에 교회 나오기 싫다고 말하지 마십시오. 우리가 믿을 대상은 예수 그리스도, 오직 우리 주님뿐입니다. 주님 때문에 기뻐하고, 주님 때문에 신나고, 주님 때문에 일하고, 주님 때문에 눈물 흘리는 것입니다. 주님을 의지하면 십자가 보혈의 능력이 우리에게 임합니다. 음부의 권세에 휘둘리지 않고 능히 물리치게 됩니다. 우리는 살아 있는 동안 오직 예수 그리스도만 높여드려야 합니다.

안디옥 교회의 세 번째 특징은 기도하며 선교하는 교회였다는 것입니다.

"주를 섬겨 금식할 때에 성령이 이르시되 내가 불러 시키는 일을 위하여 바나바와 사울을 따로 세우라 하시니 이에 금식하며 기도하고 두 사람에게 안수하여 보내니라."_행 13:2~3

안디옥 교회는 바나바와 바울을 선교사로 파송하기 위해 금식하며 기도했습니다. 안디옥 교회는 성령의 명령에 따라 파송을 결심했고, 바울과 바나바는 성령의 명령에 따라 헌신을 결단했습니다. 교회는 성령이 운행하셔야 합니다. 이를 위해 교회는 기도하는 집이 되어야 합니다. 교회의 모든 일은 기도로 결정해야 합니다.

하나님은 기도할 때 감동을 주십니다. 기도하다 받은 감동을 소멸시키지 마십시오. 하나님께서 자꾸 기도하도록 시키는 내용이 있습니다. 영혼을 구하고, 교회를 세우고, 헌신하라는 기도에는 거룩한 부담감이 있습니다.

사람들은 흔히 자신이 통제할 수 없는 일에 머뭇거리고 물러서려 합니다. 출애굽을 위해 부름 받은 모세는 입술이 둔하여 설 수 없다며 물러섰습니다. 자신이 경험하지 못한 일, 자기 능력 밖이라고 생각했기 때문입니다. 우리는 상식이나 경험, 통제할 수 있는 일을 가리켜 기적이라고 하지 않습니다. 내 생각으로는 불가능한 일, 내 크기가 아니라 하나님 크기의 일이 기적입니다. 하나님은 내게 기적을 일으키라고 부르신 것이 아닙니다. 기적은 하나님의 일입니다. 나는 그저 도구로 쓰일 뿐입니다. 하나님의 역사를 목도하여 그분을 더 알고 경험하는 자리로 초청된 것입니다. 우리는 "하나님, 이 일을 감당할 수 있는 능력을 주십시오", "하나님, 이 일을 감당할 수 있는 믿음을 주십시오"라고 기도해야 합니다. 우리가 기도할 때 하나님께서 감당할 수 있는 능력을 주십니다.

▍여러 가지 일을 하게 하시는 하나님

저는 세계 각지에 하나님의 꿈을 이루는 교회들이 세워지는 꿈을 꿉니다. 건물만이 아니라 하나님의 사람을 길러내는 교회가 세워지길 꿈꿉니다. 어떤 분들은 제게 너무 여러 가지 일을 한꺼번에 하는 것이 아니냐며 염려하는 눈길을 보내기도 합니다. 일이 많을 때는 저도 부담스러울 때가 있습니다.

하지만 출애굽기 35장에서도 보듯이 하나님께서는 성막을 지을 때 여러 가지 일들을 한꺼번에 하게 하셨습니다. 중요한 것은 그 일을 할 때 지혜로운 마음이 충만했다는 것입니다. 성령 충만하여 일했고, 여러 가지 일을 혼자 한 것이 아니라 함께 했다는 것입니다. 여러 가지 일을 한꺼번에 하는 것은 아무 문제가 되지 않습니다. 같은 꿈을 꾸는 사람과 함께 일하면 됩니다. 무엇보다 성령이 주시는 지혜로 일하면 되는 것입니다. 이 사실을 깨달았을 때부터 저는 여러 가지 일을 하는 것에 대해 두려워하지 않았습니다. 그리고 제 기도가 바뀌었습니다.

"하나님 함께 일할 사람을 보내주소서. 우리 장로님들의 마음을 감동시키셔서 함께 일하게 하옵소서. 우리 성도들의 마음을 감동시키셔서 하나님의 꿈을 꾸는 성도들이 되게 하옵소서. 우리 교회만을 위해서가 아니라 세계 선교의 전초기지가 되는 동방의 안디옥 교회가 되게 하옵소서."

선교는 전방위적으로 해야 합니다. 우리나라 국적기인 대한항공이나 아시아나항공의 노선을 보면 전 세계로 뻗어 있습니다. 전방위적으로 비행기가 다닙니다. 하나님의 꿈도 전 세계로 뻗어가야 합니다. 내 힘으로 하면 불가능하지만 하나님의 꿈이라면 가능합니다. 하나님이 하시니까 꿀 수 있는 꿈입니다.

▌소원하지 말고 꿈꾸라

《꿈꾸는 다락방》을 쓴 이지성 씨는 R=VD란 공식을 이야기합니다. Realization=Vivid Dream으로, 생생한 꿈은 현실이 된다는 말입니다.

"많은 사람들이 바람hope과 꿈dream을 혼동하고 있습니다. 바람은 단순한 소망입니다. 바람은 흔히 ○○가 되고 싶다는 말로 표현됩니다. 그러나 꿈은 결단입니다. 꿈은 '반드시 나는 ○○이 되고야 말겠다'라는 단언으로 표현됩니다. 바람은 이루어지지 않습니다. 하지만 꿈은 반드시 이루어집니다. 바람은 수시로 왔다가 갑니다. 마음속에 나도 저런 삶을 살고 싶다, 저 사람처럼 되고 싶다 하는 마음을 갖습니다. 하지만 그때뿐입니다. 바람을 이루고 싶다면 꿈으로 전환해야 합니다. 꿈은 만드는 것이며, 실행하는 것입니다."

선교에 관심 있는 사람들이 많습니다. 선교사를 후원하려는 사람, 자신의 교회가 선교하는 교회가 되길 소원하는 사람, 은퇴 후 직접 선교사가 되고자 하는 사람 등 많은 이들이 선교에 관심을 갖고 있습니다. 그런데 거기서 끝나면 안 됩니다. 바람이 꿈이 되어야 합니다. 결단해야 합니다. "하나님 저도 교회를 세우고 싶은데……"

가 아니라 "하나님 저도 하나님의 꿈인 교회를 세우겠습니다"라며 구체적으로 꿈꾸며 기도해야 합니다. "내게 능력 주시는 자 안에서 내가 모든 것을 할 수 있느니라"(빌 4:13)고 했습니다. 성경은 '할 수 있기를 원하는 것'이 아니라 '할 수 있음을 선언'했습니다.

하나님의 영이 임하시면 꿈꾸게 됩니다. 확신을 갖게 됩니다. 꿈 꾸십시오. 그리고 주님과 함께 실행하십시오! 우리나라 모든 교회 가 동방의 안디옥이 되는 꿈을 꾸십시오. 우리 모두가 세계 선교에 헌신하는 선교사의 꿈을 꾸십시오.

복음에 목숨을 거는 교회 _행 11:19~21

"그 중에 구브로와 구레네 몇 사람이 안디옥에 이르러 헬라인에게도 말하여 주 예수를 전파하니 주의 손이 그들과 함께 하시매 수많은 사람들이 믿고 주께 돌아오더라"_행 11:20~21

▌선교, 교회의 존재 이유

역사를 아는 것은 정체성을 아는 것이기 때문에 역사는 선택이 아니라 필수여야 합니다. 역사를 뜻하는 영어 단어 History는 His+Story가 결합한 말입니다. 역사는 단지 과거 이야기가 아니라 '그분의 이야기', 즉 예수 그리스도의 이야기입니다. 과거를 통해 현재를 보고 미래를 꿈꿀 수 있도록 만드는 것이 역사입니다. 어떤 분은 구약성경을 이스라엘의 역사일 뿐이라고 평가절하 합니다. 하지만 구약은 이스라엘의 역사를 통해 세계를 경영하시는 하나님께 초점이 맞춰져 있습니다. 그러기에 오늘날 우리에게도 의미가 있는 것입니다. 세계 교회의 역사도, 한국 교회의 역사도, 우리 각자의 교회 역사도 주인공은 하나님이십니다.

제가 섬기는 안양교회는 '동방의 안디옥'을 꿈꾸는 비전을 가지고 있습니다. 그러나 이 일은 비단 안양교회의 비전만은 아닐 것입니다. 사도행전 29장을 써가길 원하시는 하나님의 꿈이라고 믿습니다. 교회의 존재 이유는 선교입니다. 영혼을 구원하고, 하나님 나라를 확장하기 위해 노력하는 것이 교회의 역할입니다.

성경에는 안디옥이라는 이름의 지역이 두 곳 있습니다. 하나는 수리아의 안디옥이고 또 하나는 비시디아의 안디옥입니다. 안디옥 교회가 자리 잡고 있던 곳은 수리아 안디옥으로, 약 2,000년 전 수리아(시리아)의 수도였던 곳입니다. 지금은 터키 영토이며 '하타이'란 이름으로 불립니다. 아름다운 도시 안디옥은 '동방의 면류관'이란 별명을 얻었으며 세계 교역의 중심지라 사람과 돈의 왕래가 많았던 곳입니다. 자연히 쾌락을 찾는 사람이 많아 타락한 도시로도 소문난 곳이었습니다. 이곳에는 아폴로 신전이 있었는데 신전을 섬기는 제사장들은 창녀로 사람들을 유혹했습니다. 그 속에서 안디옥 교회가 세워졌습니다.

▌박해 속에서도 복음 전파에 목숨을 걸다

"그 때에 스데반의 일로 일어난 환난으로 말미암아 흩어진 자들이 베니게와 구브로와 안디옥까지 이르러 유대인에게만 말씀을 전하는데."

_행 11:19

스데반은 예루살렘 교회의 일곱 집사 중 한 사람이었습니다. 그는 담대히 복음을 전하다가 순교했습니다(행 7). 스데반을 죽일 때 앞장섰던 인물이 이후 세계 선교에 앞장섰던 사도 바울이었습니다. 스데반이 순교한 이후 예루살렘에 있던 성도들에게 환란이 미쳤습니다. 로마의 입장에서 이스라엘과의 공식적인 대화 창구는 유대인들, 유대 종교 지도자들이었습니다. 유대 지도자들과 마찰을 빚는 그리스도인들은 유대인과는 다른 집단으로 여겨져 곧 박해의 대상이 되었습니다.

예루살렘 교회에 불어온 박해는 극심한 환난과 고통의 비바람이었습니다. 인간적으로 볼 때 불행한 일이었습니다. 그런데 그곳에도 하나님의 섭리가 있었습니다. 예루살렘 교회가 흩어지면서 온 세상에 복음이 전파되고 교회가 설립되는 전화위복의 기회가 된 것입니다.

예수님은 제자들이 예루살렘을 넘어 유대까지, 유대를 넘어 사마리아와 땅 끝까지 이르러 복음을 전하기 원하셨습니다. 그러나 초대교회 성도들은 계속 예루살렘에 머물러 있었습니다. 그곳에 모여 함께 교제하고 예배하고 봉사하는 것이 즐거웠습니다. 예루살렘 교회는 점점 부흥하여 대형 교회가 되어가고 있었습니다. 현실에 안주하던 예루살렘 교회는 결국 스데반의 순교를 기점으로 곳곳으로 흩어지게 되었습니다. 더불어 복음도 곳곳에 전파되었습니다. 고난 속에 하나님의 섭리가 있었던 것입니다.

제자들은 박해에 굴복하지 않았습니다. 오히려 더 담대히 복음을 전했습니다. 누군가를 정말 사랑하는지 알기 위해서는 그 사람을 위해 고난을 받을 수 있는지를 살펴보면 됩니다. 우리가 주님을 사랑한다는 말은 주님을 위해 고난받을 각오가 되어 있다는 말입니다. 교회를 사랑한다는 것은 교회를 위해 피땀 흘릴 각오가 되어 있다는 말입니다. 부모님이 자녀를 사랑한다는 것은 자녀를 위해서라면 어떤 고난과 손해도 감수할 각오가 되어 있다는 것입니다. 어머니는 아이를 위하여 해산의 수고를 마다하지 않습니다. 목숨을 거는 수고입니다. 그렇기에 모성애는 남다릅니다. 자신의 목숨값으로 낳은 아기이기 때문입니다. 고난을 각오하는 것이 진짜 사랑입니다.

▌예수님을 위해 당한 고난의 흔적, 스티그마

간혹 자신이 다니는 교회에 정이 안 든다고 불평하는 사람들이 있습니다. 그럴 때 저는 그들에게 교회를 위해 헌신해보라고 조언합니다. 주님의 교회를 위해 고난당해본 사람은 교회를 사랑할 수밖에 없습니다.

저는 아직도 초등학교 시절 다녔던 유신교회를 잊지 못합니다. 유신교회는 당시 서울에서 가장 가난하던 신림7동, 난곡동 사람들이 모이던 교회였습니다. 교회를 건축할 당시, 초등학생이던 저는 중고등부 형들과 함께 큰 통나무를 어깨에 짊어지고 옮기거나, 건물 허무는 걸 돕거나, 벽돌 나르는 일을 했습니다. 시멘트 바닥에 무릎을 꿇고 기도하기도 했습니다. 건축헌금이 부족해서 무척 고생했는데 어떤 성도는 자기 집을 바치기도 하고, 어떤 분은 결혼 예물을 헌금하기도 했습니다. 그렇게 많은 사람들의 헌신과 노력, 희생이 더해진 유신교회는 결국 지금 수천 명이 모이는 큰 교회가 되었습니다. 교회를 위한 눈물과 땀이 있었기에 지금도 유신교회를 생각하면 가슴이 뭉클합니다.

교회를 위해 헌신해본 사람은 신앙의 성장도 경험합니다. 때로 교회 일을 하다 보면 시험에 들 때도 있습니다. 그래서 어떤 사람들은 교회에 출석만 하고 등록하거나 소속되어 섬기는 것을 머뭇거립니다. 다른 사람들 눈에 띌까 봐 축도가 끝나기 전에 바람과 같이 사라지는 분들도 있습니다. 그러한 분들에게는 갈등이나 불편한 일들은 생기지 않겠지만 그 대신 신앙의 깊은 맛을 음미할 기회도 잃게 됩니다. 소속감과 헌신으로 임하는 신앙생활에서 믿음이 성장합니다.

초대교회 성도들은 주님을 위해 고난을 받으면서 주님을 더 사랑하게 되었습니다. 고난당했기 때문에 주님의 몸 된 교회를 더 사랑하게 되었습니다. 언젠가 주님 앞에 서서 주를 위해 당한 고난, 주의 복음을 전하다가 겪은 환란과 고통을 자랑할 날이 올 것입니다.

예수님을 위해 당한 고난의 흔적, 상처를 스티그마라고 합니다. 우리가 주님 앞에 자랑할 것은 바로 주를 위한 스티그마입니다.

▌주 예수를 전파하다

안디옥에 도착한 제자들은 자신의 안위보다 복음 전하는 일을 우선순위에 두었습니다. 예루살렘에서 500킬로미터 이상 떨어진 안디옥에 도착해서도 자리를 잡는 일보다 먼저 복음을 전했습니다.

> "그 중에 구브로와 구레네 몇 사람이 안디옥에 이르러 헬라인에게도 말
> 하여 주 예수를 전파하니." _행 11:20

복음의 핵심은 우리 주 예수 그리스도입니다. 예수님이 우리의
구세주란 사실을 전하는 것이 전도요, 선교입니다. 예수가 빠진 설
교는 복음이 아니라 좋은 강연에 불과합니다. 예수의 이름을 언급
할지라도 제대로 가르치지 않으면 복음이 아닙니다. 예수는 우리의
주님이십니다. 주님이라는 헬라어 단어는 '퀴리오스'입니다. 퀴리
오스는 노예가 자기 주인에게 사용하는 말입니다. 우리가 예수님을
주님이라고 고백할 때는 우리가 그분의 종이란 고백도 담겨 있는
것입니다. 나의 주인은 내가 아니라 예수님이십니다. 예수님을 나
의 주인으로 모실 때 진정한 행복이 있습니다.

제자들은 목숨을 걸고 복음을 전했습니다. '퀴리오스'는 당시 로
마 황제에게만 할 수 있는 표현이었기 때문입니다. 로마 제국의 주
인은 로마 황제라고 생각했기 때문에 다른 대상에게 '퀴리오스'라
고 부르는 것은 순교를 각오해야 하는 일이었습니다. 복음 전하는
일은 박해의 위험이 있는 매우 어려운 일입니다. 그러나 복음 전하
는 일은 가장 안전한 일이기도 합니다. 주님이 가장 기뻐하시는 일
이기에 주님이 보호해주시기 때문입니다. 성경은 "주의 손이 그들
과 함께 하시매 수많은 사람들이 믿고 주께 돌아오더라"(행 11:21)
라고 이야기합니다. 주 예수를 전하는 제자들에게는 주의 손이 늘

함께했습니다.

　복음을 전할 때 사람들이 변합니다. 가정이 변화되고 사회가 변화되며, 나라와 온 세상이 변화됩니다. 오늘 우리가 목숨을 걸고 복음을 전해야 하는 이유가 여기 있습니다. 복음은 능력이며 다시 살리는 힘이 있습니다. 복음을 믿는 자는 영생에 이르며, 복음에 물든 사람은 담대합니다.

탁월한 지도력이 있는 교회 _행 11:22~24

"예루살렘 교회가 이 사람들의 소문을 듣고 바나바를 안디옥까지 보내
니 그가 이르러 하나님의 은혜를 보고 기뻐하여 모든 사람에게 굳건한
마음으로 주와 함께 머물러 있으라 권하니 바나바는 착한 사람이요 성
령과 믿음이 충만한 사람이라 이에 큰 무리가 주께 더하여지더라"

_행 11:22~24

▌누구나 리더가 될 수 있다

성경에는 하나님이 사람을 통해 일하신다는 사실들이 곳곳에 나타
나 있습니다. 쓰임 받았던 사람들도 아주 다양합니다. 하나님은 왕
뿐 아니라 농부나 어부도 부르셨고, 70세 노인뿐 아니라 어린 소
년, 십대 청소년도 불러 쓰셨습니다. 아브라함은 75세에, 모세는
80세에, 갈렙은 85세에 하나님께 쓰임 받았습니다. 반면 사무엘은
열 살도 되지 않은 나이에 하나님의 음성을 들었고, 요셉은 17세에

꿈을 꾸었으며, 다윗은 십대 시절에 왕으로 기름부음을 받았습니다. 남자와 여자 모두 하나님께 쓰임 받았습니다. 하나님은 남녀노소, 지위고하, 빈부귀천을 따지지 않으십니다. 그 누구나 리더가 될 수 있습니다.

리더십 분야의 거장인 제임스 쿠제스와 배리 포스너의 《리더십 챌린지》는 리더십에 대해 다음과 같이 말합니다.

"많은 사람들은 이러한 리더십이 어떤 특정인의 전유물이라고 생각하고, 때로는 리더를 슈퍼맨과 같은 존재로 생각한다. 그러나 리더십은 일부 비범한 사람들의 개인적인 전유물이 아니라 모든 사람이 그와 관련될 수 있고, 모든 사람이 발휘할 수 있는 '모든 사람의 일'이다."

리더십은 슈퍼맨처럼 탁월한 사람들의 전유물이 아닙니다. 누구나 리더가 될 수 있습니다. 리더십은 일반적으로 다른 사람들에게 영향을 미치는 과정을 아우르는 말입니다. 누군가에게 영향을 미치는 위치에 있다면 그 사람이 바로 리더입니다. 부모는 자녀에게 영향을 주기 때문에 리더입니다. 선생님은 학생들에게 영향을 주기 때문에 리더입니다. 특히 모든 그리스도인은 세상에서 빛과 소금의 역할을 감당해야 하기에 리더입니다.

리더는 영향력을 미치는 사람이기 때문에 기도로 훈련해야 합니다. 하나님께 합한 성경적 가치관을 갖기 위해 훈련해야 합니다. 교회가 교회 되기 위해서 훌륭한 영적 지도자들이 필요합니다. 오늘날 한국 교회는 많은 어려움에 봉착해 있습니다. 교회는 많은데 세상을 향한 영향력은 줄어가고 있습니다. 한국 교회의 미래를 생각해야 합니다. 선한 영향력은 줄어들고 오히려 세상 사람들에게 비난당하는 교회가 된다면 한국 교회의 미래는 점점 어두워질 것입니다. 사람들이 교회를 비난하는 이유 중 하나는 지도자들의 문제입니다. 세상의 빛과 소금의 역할을 감당해야 할 그리스도인들의 리더십 문제입니다.

100년 전만 해도 그리스도인 수는 국내 전체 인구의 1퍼센트도 안 되는 상황이었습니다. 하지만 기독교의 영향력은 상당했습니다. 탐관오리들은 마을에 그리스도인 한 사람만 있어도 그곳에 부임하기를 꺼렸습니다. 그리스도인들이 옳은 일에 앞장서고 옳지 않은 일에 적극적으로 저항했기 때문입니다. 그리스도인이 있는 마을에는 부정부패가 사라질 정도로 기독교의 영향력은 대단했습니다. 또한 전덕기, 길선주, 신석구, 손양원, 주기철, 이용도, 이기풍 목사님처럼 교회적으로나 국가적으로 존경받는 인물과 목회자들이 많았습니다. 그래서 뜻있는 젊은이들은 교회로 모였습니다.

지금 한국 교회는 건강한 리더십의 회복이 중요합니다. 좋은 믿음의 지도자를 양성하는 것은 한국 교회의 미래와 직결된 일입니다.

▎훌륭한 영적 지도자, 바나바

예수님께서는 공생애 기간에 많은 일을 하셨습니다. 그중에서도 제자를 만드는 일에 시간과 관심을 집중하셨습니다. 3년간 사람 키우는 일에 집중하셨다 해도 과언이 아닙니다. 한 사람이 변화되면 가족이 변화되고, 공동체와 국가도 변화될 수 있습니다. 지금 한국 교회는 탁월한 리더 한 사람이 절실하게 필요한 때입니다.

사도행전 11장에는 초대교회의 탁월한 리더 한 사람이 나옵니다. 바로 바나바입니다. 초대교회, 특히 안디옥 교회가 세계적인 교회가 될 수 있었던 것은 바나바 같은 리더가 있었기 때문입니다.

구브로 출신인 바나바의 본래 이름은 요셉입니다. 구브로는 오늘날의 키프로스 섬입니다. 유대인이었던 바나바는 아주 부자였는데 사도들을 통해 예수를 믿은 후 재산을 모두 팔아 교회에 헌금했습니다. 사도들은 그에게 '위로의 아들'이라는 뜻의 바나바라는 이름을 붙여주었습니다. 성경에서 사도들에게 특별한 이름을 받은 사람은 바나바가 유일합니다. 바나바의 헌신과 인품을 알 수 있는 부분입니다. 바나바는 교회를 위한 헌신에서도, 인간적인 성품에서도 탁월했던 인물이었습니다.

예루살렘 교회에서 사도들과 함께 활동했던 시절, 바나바는 예루살렘 교회 부흥의 주역이었습니다. 스데반이 순교한 이후 교회가 흩어졌을 때, 안디옥 교회에 대한 소문이 예루살렘까지 들렸습니다. 유대인은 물론 이방인까지 교회에 나온다는 놀라운 부흥 소식이었습니다. 사도들은 안디옥 교회 초대 목사로 바나바를 파송했습니다. 이후 안디옥 교회는 바나바로 인해 더욱 부흥하며 성숙한 교회, 영향력 있는 교회가 되었습니다. 그렇다면 지도자로서 바나바는 어떤 사람이었을까요?

▌비전의 사람 바나바

비전의 사람이란 봐야 할 것을 볼 줄 아는 능력을 가진 사람입니다. "그가 이르러 하나님의 은혜를 보고 기뻐하여"(행 11:23). 바나바는 안디옥 교회에서 이방인들이 복음을 듣고 주께로 나오는 모습을 보고 이것이 사람의 능력이 아니라 하나님의 은혜임을 보았습니다. 사건이 일어난 현상만이 아니라 그 배후에서 일하시는 하나님을 본 것입니다. 영적 지도자는 보이는 것뿐 아니라 보이는 현상 너머를 볼 줄 알아야 합니다. 이런 사람이 바로 비전의 사람입니다.

골리앗이 등장했을 때 이스라엘 군인들은 두려워서 뒤로 물러났습니다. 그러나 다윗은 당당하게 앞에 섰고, 골리앗을 향해 달려갔습니다. 다윗은 골리앗이란 장애물만 본 것이 아니라 골리앗보다 훨씬 크고 위대하신 하나님을 보았습니다. 하나님을 의지하여 골리앗과 싸워 승리했습니다.

이스라엘은 바란 광야에서 열두 명의 정탐꾼을 가나안에 보냈습니다. 열 명의 정탐꾼은 돌아와 보이는 현상만을 보고했습니다. 메뚜기 같은 이스라엘의 힘으로는 거인 같은 가나안 사람을 이길 수 없다는 것이었습니다. 그러나 여호수아와 갈렙은 하나님의 약속을 보았습니다. "가나안은 이스라엘의 밥"이라고 담대하게 선포했습니다. 결국 출애굽 1세대 중 가나안 땅을 밟은 사람은 여호수아와 갈렙뿐이었습니다.

영어 표현 중에 "What you see is what you get"이란 표현이 있습니다. '보는 것이 얻는 것'이란 뜻입니다. 보는 만큼 얻을 수 있습니다. 길 가에 핀 꽃을 보고 어떤 사람은 그냥 지나칩니다. 어떤 사람은 아름다움을 발견하고는 그것을 즐깁니다. 그런데 예수님은 여기서 더 나아가 한 송이 백합화에 임한 하나님의 손길을 보았습니다. 공중의 새를 보며 그 새를 먹이시는 하나님을 보았습니다. 바나바는 예수님처럼 안디옥 교회에 임한 하나님의 손길, 하나님의 은혜, 하나님의 역사를 볼 줄 아는 사람이었습니다.

바나바는 사람을 볼 줄 아는 눈도 갖고 있었습니다. 바나바는 바울의 고향인 다소까지 찾아가서 그를 안디옥으로 데려왔습니다. 당시 바울은 다메섹 도상에서 부활하신 예수님을 만나 변화되었지만, 그리스도인을 핍박했던 과거 때문에 사람들의 인정을 받지 못했습니다. 하지만 바나바는 바울을 통해 일하실 하나님을 보았습니다. 바나바가 없었다면 바울도 없었을 것입니다.

제가 섬기는 안양교회에는 새가족을 돌보는 바나바 사역자가 있습니다. 바나바 사역자는 바나바처럼 봐야 할 것을 보는 사람입니다. 새가족의 외적인 모습이나 조건이 아니라 그 사람의 영적 상태를 보아야 합니다. 현대인 중에는 겉으로는 부러울 것 없는 환경 속에 살아도 내적으로 외롭고 공허한 사람이 있습니다. 겉으론 강해 보여도 내적으론 두려움이 많은 사람도 있습니다. 바나바 사역자는 이런 내면의 눈을 지닌 사람입니다. 그런 이들에게 복음을 들고 나아가 위로하며 생명의 길로 인도하는 사람이 바나바입니다. 더 나아가 바나바는 미래를 내다볼 줄 아는 눈을 지닌 사람입니다. 장차 다가올 영광을 보며 오늘을 인내합니다.

아파치 족의 추장이 연로하여 후계자를 선정할 때가 왔습니다. 추장은 아파치 족의 미래를 위해 체력, 지혜, 리더십 등 모든 면에서 뛰어난 젊은 족장을 원했습니다. 어려운 관문을 거친 세 명의 젊은이가 최종 후보에 뽑혔습니다. "아파치의 자랑스러운 용사들이여! 저기 눈 덮인 로키 산맥의 최고봉이 보이는가? 아무런 장비도 지니지 말고 꼭대기까지 올라갔다가 그곳에서 가장 의미 있는 증표를 찾아가지고 돌아오라. 그 사람에게 나의 추장 직을 물려주겠노라." 세 젊은이는 악전고투 끝에 정상에 올라 저마다 의미 있는 증표를 들고 마을로 돌아왔습니다. 한 용사는 산꼭대기에서만 피는 꽃을 한 송이 가져왔습니다. 또 다른 용사는 산꼭대기 맨 위에 있던 붉은빛의 돌 조각을 가져왔습니다. 그러나 마지막 용사는 빈손으로 추장 앞에 섰습니다. 추장은 노여운 얼굴로 세 번째 용사를 바라보았습니다. "왜 빈손으로 돌아왔는가?" 용사가 말했습니다. "추장님, 저도 분명 저 산꼭대기에 올라갔다 왔습니다. 누가 추장이 되는지는 상관없습니다. 중요한 것은 우리가 여기 머물 것이 아니라 저 산을 넘어야 한다는 사실입니다. 저는 산 너머에 있는 비옥한 땅과 넓은 강물, 수많은 버팔로 떼를 보았습니다." 누가 추장이 되었을까요? 보아야 할 것을 볼 줄 아는 사람이 지도자입니다.

▌ 격려의 사람 바나바

"모든 사람에게 굳건한 마음으로 주와 함께 머물러 있으라 권하니."

_행 11:23

NIV 영어 성경은 '권한다'는 표현에 'encourage'라는 단어를 사용했습니다. 바나바는 사람들을 격려하고 위로하는 데 탁월한 능력을 갖고 있었습니다. 바나바라는 이름 자체도 '위로, 격려의 아들'이란 뜻이었습니다. 바나바가 가는 곳에는 평화와 위로가 있었습니다. 시련이 찾아오면 사람들은 흔들리기 쉽습니다. 박해로 인해 자칫 흔들릴 수 있는 상황에서 바나바의 등장은 안디옥 교회에 큰 위로와 힘이 되었을 것입니다.

또한 바나바는 바울을 격려했습니다. 사람들은 바울의 변화를 인정해주지 않았고 계속해서 의심의 눈으로 바라보았습니다. 유대인들 중에는 바울을 배신자로 보고 죽이려는 사람도 있었습니다. 회심한 바울은 그리스도인과 유대인 사이에서 진퇴양난을 겪고 있었습니다. 그때 바나바는 바울을 위로하며 안디옥 교회에서 사역할 수 있도록 길을 열어주었습니다. 이후 바울과 바나바는 함께 선교사로 파송받게 됩니다. 바나바의 격려 속에 위대한 바울이 탄생했습니다. "서로 돌아보아 사랑과 선행을 격려하며"(히 10:24). 그리스도인들은 사람들을 위로하고 격려하는 언어를 사용해야 합니다.

어떤 리서치 기관에서 수백 명의 남성을 대상으로 설문 조사를 했습니다. 살아가는 동안 가장 살맛 나는 때가 언제냐고 물었더니 첫째는 아내의 인정과 칭찬을 받는 때라고 답했고, 둘째는 직장에서 일이 잘 되거나 동료와 상사로부터 인정받을 때라고 대답했습니다. 가족들이 서로 격려할 때 살 힘이 생깁니다. 학교나 직장, 교회에서 함께하는 사람들을 인정하고 칭찬할 때 힘이 생깁니다. 우리 모두에게는 치어리더가 필요합니다. 호랑이 같은 선배나 선생님도 필요하지만 칭찬하고 격려해주는 친구 같은 선생님, 선배, 지도자가 더욱 필요합니다. 만나면 책잡는 부부관계가 아니라 따뜻한 격려로 힘을 북돋아주는 아내와 남편이 필요합니다. 격려할 줄 아는 지도력이 필요한 때입니다.

바나바의 주변에는 늘 사람들이 모였습니다. 격려의 사람이 있는 곳에는 사람들이 모입니다. 비판하고 따지기 좋아하는 사람들 주변에는 사람이 모이지 않습니다. 바나바는 이방 사람이라고 무시하거나 비난하지 않았습니다. 상대방을 있는 모습 그대로 인정하는 것은 매우 중요한 격려 사역입니다.

강화도 교동에 있는 화동교회의 교육관이 화재로 전소되었다는 소식을 들었습니다.

성도들의 피땀 어린 헌금으로 건축한 교육관은 지은 지 1년 6개월밖에 되지 않은 건물이었습니다. 교육관 안에 있던 목사님의 책 수백 권도 모두 불탔다고 했습니다. 마음이 참 아팠습니다. 조금이라도 힘이 되고 싶어 금요기도회 때 화동교회의 이신걸 목사님을 모셔 말씀을 듣고 헌금하는 시간을 가졌습니다. 목사님은 그 와중에도 계속하여 감사하다는 얘기로 말씀을 이어갔습니다. 교육관 싱크대에 두었던 작은 부탄가스 통이 터졌는데 그 소리가 아니었다면 교회와 사택까지 불이 옮겨 붙었을 거라며 미리 알게 되어서 감사하다고 했습니다. 그리고 그 일로 인해 성도들이 전보다 더 뜨겁게 기도하고 있으니 감사하다고 했습니다.

힘든 중에도 감사의 제목을 찾는 목사님의 설교에 많은 성도들이 은혜와 도전을 받았습니다. 그리고 주시는 감동대로 힘껏 헌금했습니다. 이신걸 목사님은 제게 "교육관이 무너져내릴 때 제 마음도 무너져 내리는 것 같았습니다. 그런데 이렇게 격려해주시고 기도해주시니 큰 힘이 됩니다. 멋진 교육관을 다시 지을 수 있을 것 같습니다"라고 말씀하시면서 환한 웃음을 지어보였습니다. 힘들 때 격려하면 다시 일어날 용기를 얻습니다.

▎ 착하고 성령과 믿음이 충만한 사람 바나바

"바나바는 착한 사람이요."_행 11:24a

바나바는 인품이 선하고 좋은 사람입니다. 착하고, 선한 것은 하나님의 성품과도 관계가 있습니다. 요한복음에서 예수님은 자신을 선한 목자라고 말합니다(10장). 착한 사람은 선한 것을 좋아하며 선한 것을 행동으로 옮기는 사람입니다. 착한 사람은 원수 맺지 않고 인간관계도 잘합니다. 사도들도 바나바를 좋아했고 바울도 그를 따랐습니다.

지도자의 위치에 있는 사람들 중에 말이나 행동이 거친 사람들을 종종 봅니다. 어떤 이들은 그런 사람을 카리스마 있는 사람이라고 말하기도 합니다. 그러나 카리스마란 하나님이 주신 특별한 은사를 가리키는 단어입니다. 목소리 크고 자기 주관이 뚜렷한 사람을 가리키는 말이 아닙니다. 착하고 선하며 덕스러운 사람이 하나님 앞에 귀하게 쓰임 받습니다. 출애굽기 18장 21절에 보면 모세의 장인 이드로가 모세와 함께 일할 지도자의 조건을 꼽는 내용이 나옵니다.

> "또 자네는 백성 가운데서 능력과 덕을 함께 갖춘 사람, 곧 하나님을 두려워하며 참되어서 거짓이 없으며 부정직한 소득을 싫어하는 사람을 뽑아서, 백성 위에 세우게."_새번역

지도자는 능력과 덕이 함께 있는 사람이어야 합니다. 바나바가 바로 그런 사람이었습니다. 능력과 덕을 겸비한 매력 있는 지도자였습니다.

또한 바나바는 성령 충만한 사람이었습니다. 바나바가 탁월한 지도자가 될 수 있었던 근본적인 비결은 성령 충만이었습니다. 성령으로 충만한 사람은 거룩한 것을 생각하고 행하는 데 집중합니다. 성령 충만한 사람은 생각과 말과 행동이 거룩하며, 거룩한 영향력을 끼칩니다. 성령님과 교통하기 위해 늘 기도하며 모든 것을 성령님께 묻습니다. 그래서 성령 충만한 사람은 말씀으로 충만하며, 말씀에 따라 살기 때문에 믿음이 충만한 사람이 됩니다.

안디옥 교회는 바나바로 인해 큰 무리가 주님께로 더해지는 부흥을 이루었습니다. 이 시대를 이끌어갈 바나바와 같은 지도자들이 주님의 교회들에 세워지기를 기도합니다. 그리고 무엇보다 우리 그리스도인 모두가 바나바가 되어야 합니다. 이웃과 동료, 가족을 격

려하고, 자신이 속한 공동체에 선한 영향력을 끼치고, 기도와 말씀으로 믿음의 터 위에 굳게 서는 성령 충만한 바나바가 됩시다. 바나바를 통해 큰 역사를 이루신 성령님께서 오늘 우리를 놀라운 선교의 도구로 사용하실 것입니다.

예수님의 사람을 기르는 교회 _행 11:25~26

"바나바가 사울을 찾으러 다소에 가서 만나매 안디옥에 데리고 와서 둘이 교회에 일 년간 모여 있어 큰 무리를 가르쳤고 제자들이 안디옥에서 비로소 그리스도인이라 일컬음을 받게 되었더라"_행 11:25~26

▌그리스도인, 예수를 생각나게 하는 사람

매일 회당에 나오지만 행실이 아주 나쁜 사람이 있었습니다. 주위 사람들은 그의 위선에 눈살을 찌푸렸습니다. 랍비가 그를 불러 품행을 단정하게 하라고 타일렀습니다. 그러자 그 남자가 퉁명스럽게 말했습니다. "저는 매일 회당에 나가는 성실한 신자입니다." 그러자 랍비가 대답했습니다. "사람이 동물원에 매일 간다고 동물이 되는 것은 아니잖나!"

하나님은 그리스도인을 원하십니다. 교회에 나오면 교인입니다.

그러나 모든 교인이 그리스도인은 아닙니다. 그리스도인, 크리스천은 '그리스도에게 속한 자'를 의미합니다(행 11:26, 26:28, 벧전 4:16). 그리스도인이라는 호칭은 안디옥에서 처음 사용되었습니다. 안디옥에 살던 사람들이 안디옥 교회 사람들의 모습을 보고 '그리스도인'이라 부른 것입니다. 그리스도인 즉, 예수 그리스도에게 속한 사람들은 예수를 따라가는 사람들입니다.

참된 그리스도인은 어떤 사람일까요? 헨리 나우웬은 '예수님을 생각나게 하는 사람'이 참그리스도인이라고 말했습니다. 그렇습니다. 그리스도인은 예수를 닮고자 하는 사람들이기 때문에 예수님을 생각나게 하는 사람입니다. 예수 향기가 나는 사람입니다. 우리나라 사람들은 신앙생활 열심히 하는 사람을 예수쟁이라고 부릅니다. 예수쟁이는 살아도 예수, 죽어도 예수, 먹어도 예수, 마셔도 예수인 사람입니다. 진정한 그리스도인에게 예수쟁이는 영광스러운 호칭입니다.

한동안 미국의 크리스천들 사이에 유행했던 말이 있습니다. "WWJD?What Would Jesus Do?" 우리말로 하면 "예수님이라면 어떻게 하셨을까"라는 말입니다. 찰스 셸던Charles Sheldon, 1857~1946이 쓴 소설의 제목이기도 합니다. 그리스도인은 늘 "예수님이라면 어떻게 하셨을까"를 묻고 행동해야 합니다. 안디옥 교인들은 진정한 예수쟁이였습니다. 예수님이라면 어떻게 하셨을까를 생각한 사람들입니다. 그들은 예수님의 영광을 좇았고, 예수님의 성품을 닮기 위해 끊임없이 노력했습니다. 그렇게 해서 믿지 않는 이들로부터 얻은 이름이 '그리스도인'입니다.

안디옥의 그리스도인들만 그런 것이 아닙니다. 초대교회 성도들은 지역을 초월하여 예수님의 사람으로 살았습니다. 믿지 않는 이들에게 선한 영향력을 미쳤습니다. 초대교회 시절 비시니아의 총독 플리니우스Gaius Plinius Caecilius Secundus, 61~113가 로마 황제 트라야누스Marcus Ulpius Trajanus, 52~117에게 보낸 보고서에는 당시 그리스도인들에 관한 내용이 이렇게 적혀 있습니다. "그리스인들은 맹세코 도둑질과 유행을 피하며, 맡았던 것을 거절하는 일이 없습니다."

초대교회 교인들은 덕을 행했기 때문에 그들의 적대자들도 그들을 비난할 수 없었습니다. 그들에게는 예수의 향기가 났습니다.

그리스도인의 특징

참된 그리스도인은 다음과 같은 특징을 가지고 있습니다.

그리스도의 인격과 사역을 충심으로 믿습니다

그리스도인의 믿음은 그리스도의 인격과 사역을 지적으로만 받아들이는 것이 아닙니다. 의지적으로도 분명히 받아들이는 마음의 활동입니다. 그리스도가 하나님의 아들이 되신다는 것과, 죄 없으신 분이며, 육신을 입고 오셨고, 십자가에 달려 죽으셨음을 믿습니다. 우리의 죄를 모두 담당하시고 부활 승천하셨으며 성령을 파송하시어 교회를 다스리는 분, 이제 곧 구름을 타고 왕 중의 왕으로 재림하실 분임을 믿고 온몸과 마음을 다하여 순복하는 사람이 곧 그리스도인입니다. "네가 만일 네 입으로 예수를 주로 시인하며 또 하나님께서 그를 죽은 자 가운데서 살리신 것을 네 마음에 믿으면 구원을 받으리라 사람이 마음으로 믿어 의에 이르고 입으로 시인하여 구원에 이르느니라"(롬 10:9~10).

그리스도의 성품에 동참합니다

그리스도인은 예수님의 마음을 소유하는 자입니다. 새로운 피조물로서, 예수님의 사람이 되어 거룩하심에 동참하게 되는 것입니다. "그런즉 누구든지 그리스도 안에 있으면 새로운 피조물이라 이전 것은 지나갔으니 보라 새것이 되었도다"(고후 5:17).

그리스도의 영을 소유한 자입니다

세상 사람과는 확연히 구별되는 그리스도인의 특성입니다. 그분의 영, 곧 성령을 소유한 자가 그리스도인입니다. "만일 너희 속에 하나님의 영이 거하시면 너희가 육신에 있지 아니하고 영에 있나니 누구든지 그리스도의 영이 없으면 그리스도의 사람이 아니라"(롬 8:9).

그리스도의 발자취를 따릅니다

예수님은 모범적인 삶을 사셨으며, 우리로 하여금 자신을 본받도록 하셨습니다. 만일 그리스도의 제자가 되길 원한다면, 우리는 자기 십자가를 지고 그리스도를 따라가야 합니다. 그리스도를 닮아가는 것, 그리고 그분에게 순종하는 것, 이것은 그리스도인의 품성 가운데 가장 중요한 요소입니다. "이를 위하여 너희가 부르심을 받았으니 그리스도도 너희를 위하여 고난을 받으사 너희에게 본을 끼쳐 그 자취를 따라오게 하려 하셨느니라"(벧전 2:21).

그리스도인은 그리스도의 영광을 위하여 살고자 합니다

그리스도인은 자신이 그리스도에게 속한 존재임을 한시도 잊어버리지 않습니다. 기도할 때나 일상 중에서나 항상 주님의 영광을 생각합니다. 고난을 받을 때나 세상의 인정을 받을 때나 항상 주님께 봉사하는 마음을 놓지 않습니다. "우리가 살아도 주를 위하여 살고 죽어도 주를 위하여 죽나니 그러므로 사나 죽으나 우리가 주의 것이로라"(롬 14:8).

▎그리스도인은 제자입니다

그리스도인이라는 호칭은 참으로 위대한 이름입니다. 우리말로는 기독교인이라고 하는데, 기독基督이란 그리스도의 음역입니다. 안디옥 교회의 교인들은 어떻게 그리스도인이 되었을까요? 바나바와 바울로부터 복음을 듣고 훈련받았기 때문입니다. 성경은 "제자들이 안디옥에서 비로소 그리스도인이라 일컬음을 받았다"고 했습니다(행 11:26). 안디옥 교회는 양적으로만 성장한 교회가 아니라 제자를 양육하는 교회였던 것입니다. 바울과 바나바는 성도들을 가르치며 양육했습니다. 그리스도인은 곧 제자이며, 제자는 곧 그리스도인입니다.

성장만 지향하는 교회는 건강하지 않습니다. 반드시 가르침이 있어야 합니다. 예수님도 공생애 기간에 가르치시고, 전도하시며, 치료하는 일을 하셨습니다. 가르침을 통해서 제자를 만드셨습니다. 그리스도인은 저절로 되는 것이 아닙니다. 가르침과 훈련을 받아야 합니다. 제자훈련을 하는 이유는 예수님의 성품과 인격을 닮아가기 위해서입니다. 제자훈련은 단순한 성경공부가 아니며 지식을 전달하는 훈련도 아닙니다. 말씀과 기도로 예수님을 닮아가는 과정, 예수님의 사람, 즉 그리스도인이 되는 과정입니다. 제자는 태어나는 것이 아니라 훈련을 통해 형성되는 것입니다. 예수님의 열두 제자도 부름을 받은 후 3년 동안 훈련을 받았습니다. 안디옥 교회 성도들도 바울과 바나바를 통해 일 년간 가르침을 받았습니다.

▌교회는 제자를 기르는 곳

후안 카를로스 오르티즈Juan Carlos Ortiz의 《제자입니까》라는 책에 이런 내용이 나옵니다. 오르티즈 목사님이 처음 교회에 부임했을 때 교인 수가 184명이었습니다. 열심히 목회하다 보니 2년 만에 교인이 600명으로 늘었고 목사님의 사역은 정신없이 바빠졌습니다. 어느 날 시간을 내어 기도하기 위해 산으로 간 목사님은 하나님의 음성을 듣게 되었습니다. "너는 교회를 마치 회사 운영하듯 돌보고 있다. 너는 교회가 자라는 줄로 생각하겠지만 자라는 것이 아니라 살이 쪄가고 있는 것이다."

균형 있게 성장하지 않고 살만 찌는 것은 건강한 상태가 아닙니다. 살이 찌고 몸무게가 많이 나간다고 비만은 아닙니다. 비만은 에너지의 불균형으로 체지방이 많이 남아 있는 상태를 말합니다. 쉽게 말하면 움직이거나 운동하지 않아서 성장하지 않고 살만 찐 상태를 말합니다. 교인들은 많으나 영향력 없는 교회는 영적 비만에 걸린 교회입니다. 제자는 별로 없고 구경꾼만 많은 교회는 영적 비만에 걸린 교회입니다. 예수님이 원하는 사람은 제자이지 구경꾼이 아닙니다.

복음서에 보면 예수님을 따르는 사람들이 많았습니다. 그런데 그중 대부분의 사람들은 예수님이 기적을 행하거나, 병자를 고치는 것을 보기 위해 모여든 구경꾼이었습니다. 성경은 이들을 "허다한 무리"라고 부릅니다. 구경은 오지만 주님을 위해 어떤 일도 하지 않던 사람들입니다. 교회 안에도 허다한 무리가 많습니다. 주님은 구경꾼 교인, 나의 안위를 위해 주일만 지키는 교인을 원하지 않으십니다. 주님의 제자는 값진 것을 알아보고 능히 대가를 지불하는 사람, 주님을 위해 헌신할 줄 아는 사람입니다.

제자란 구경하기 위해 예수님을 따르는 자가 아니라, 희생하기 위해 주님을 따르는 자를 가리킵니다(마 16:24). 주님의 삶을 본받기 위해 따르는 사람이 바로 제자입니다. 제자는 예수님의 삶, 성품, 신앙, 언어를 본받는 사람입니다. 이용도 목사님은 "예수를 마시고, 예수를 먹고, 예수로 살고, 예수로 숨 쉬라"고 했습니다. 언제 어디서나 예수를 숨길 수 없는 사람이 그분의 제자입니다.

예수님이 공생애를 시작하시면서 제일 먼저 하신 일, 금식하고 기도하며 하셨던 일은 제자를 선택하는 것이었습니다. 예수님의 기준은 세상의 기준과 달랐습니다. 예수님이 선택하신 제자들은 세상적으로 볼 때 크게 두드러진 사람들이 아니었습니다. 예수님은 낮은 자를 높이시고 약한 자를 들어 강하게 하는 분이십니다. 없는 자를 들어 풍성케 하며 무식한 자를 들어 하나님 나라의 놀라운 비밀을 알리는 분이십니다.

예수님은 세상에 계신 동안 책 한 권 남기지 않으셨습니다. 한 줄의 글도 남기지 않으셨습니다. 예수님의 유일한 유산은 제자들입니다. 예수님은 공생애 사역의 대부분을 제자를 기르는 일로 보내셨습니다. 마지막으로 제자들에게 부탁한 일 역시 "가서 모든 족속으로 제자를 삼으라"(마 28:19)는 것이었습니다.

예수님은 제자를 만드실 때 먼저 함께 있게 하셨습니다. "또 산에 오르사 자기가 원하는 자들을 부르시니 나아온지라 이에 열둘을 세우셨으니 이는 자기와 함께 있게 하시고 또 보내사 전도도 하며"(막 3:13~14). 일부터 시키신 것이 아니라 먼저 친밀감을 갖도록 하셨습니다. 예수님의 사랑을 먼저 알고 경험하게 하셨습니다. 제자는 먼저 예수님을 사랑해야 합니다.

교회는 예수님의 사람을 기르는 곳입니다. 그리스도인이며 제자를 길러내기 위해 교육하고 훈련하는 곳입니다. 이 세대를 본받지 않고 예수님의 사람, 주님의 제자를 길러내는 교회가 바로 주님이 원하시는 교회입니다.

더불어 일하는 교회 _행 11:25~13:1

"바나바가 사울을 찾으러 다소에 가서 만나매 안디옥에 데리고 와서 둘이 교회에 일 년간 모여 있어 큰 무리를 가르쳤고 제자들이 안디옥에서 비로소 그리스도인이라 일컬음을 받게 되었더라"_행 11:25~26

▎ 더불어 일하는 달란트

2005년, 제26회 청룡영화제 남우주연상을 받은 영화배우 황정민 씨의 수상소감이 장안의 화제였던 적이 있습니다. 〈너는 내 운명〉이란 영화로 남우주연상을 수상한 황정민 씨는 자신을 배우 나부랭이로 소개했습니다. 상은 자신이 받지만 자기 혼자 이룬 성과가 아니라 스태프들과 더불어 노력한 결과라고 했습니다. 자신은 그저 "차려놓은 밥상에서 맛있게 먹기만 했다"고 말하는데 그 이야기가 무척 인상적이었습니다.

그렇습니다. 영화 한 편이 만들어지기까지 배우뿐 아니라 수많은 사람들이 함께 수고합니다. 세상에 혼자 이룰 수 있는 일은 없습니다. 누군가 함께 하기 때문에 가능하며 궁극적으로 하나님께서 함께해주시기 때문에 가능합니다.

저는 단점이 참 많은 사람입니다. 그럼에도 아주 큰 장점이 하나 있는데 그것은 제가 저의 부족함을 안다는 것입니다. 아울러 부족함 때문에 좌절하지는 않는다는 장점도 있습니다. 나와 함께하시는 임마누엘 하나님이 계시고, 좋은 동역자들이 있기 때문에 부족한 면이 있다 해도 결코 좌절하지 않습니다.

제게는 신학대학 1학년 시절부터 친하게 지내는 친구가 열두 명 있습니다. 모임 명칭도 열두 제자입니다. 지금도 만나는 열두 제자 친구들은 다양한 달란트를 갖고 있었습니다. 찬양 경연대회 나가서 대상을 수상한 친구, 피아노와 작곡을 잘하는 친구, 컴퓨터 실력과 함께 뛰어난 기획력을 가진 친구도 있었습니다. 교육 분야에 관심이 많아 전문적인 수준인 친구, 어학 실력이 좋은 친구, 친교 모임에서 뛰어난 재능을 발휘하는 친구, 입학할 때 수석을 차지한 친구 등 출신도 다양하고 능력과 기질도 다양합니다. 친구들이 다 같이 모이면 이다음에 팀 목회를 하자며 각자의 파트를 정해보곤 했습니다. 넌 음악목사, 넌 교육목사, 넌 기획목사, 넌 친교목사, 넌 영어 예배 담당 목사 등 한참 이야기를 나누는데 저는 딱히 잘하는 것이 없었습니다. 그때 저는 친구들에게 당당하게 말했습니다. "나는 뭐 특별히 잘 하는 게 없네. 할 수 없이 내가 담임목사 해야겠다." 모두 한바탕 웃었습니다.

하나님은 누구에게나 더불어 일할 수 있는 달란트를 한 가지 이

상씩 주셨습니다. 서로 존중하며 함께 일하는 것이 중요합니다.

▎더불어 큰 숲을 이루는 교회

저는 늘 함께 일하는 공동체를 생각했습니다. 그러던 중 '더불어 큰 숲'을 생각했습니다. 은혜와진리교회 조용목 목사님 초대로 화성에 있는 기도원에 방문한 적이 있습니다. 안양에서 함께 목회하는 인연으로 초대를 받았습니다. 그때 조 목사님과 개인적으로 대화할 기회가 있었습니다.

"목사님께 많이 배우고 싶습니다. 어떻게 교회를 그렇게 부흥시키셨어요?"

조 목사님은 은혜와진리교회가 세계적인 교회로 성장하는 데 중요한 역할을 하신 분임에도 평소 그런 티를 거의 내지 않으셨습니다. 그래서 그분의 목회를 배우고 싶었습니다.

"저는 교회 부흥의 비결을 물을 때 제일 어렵습니다. 전 큰 교회 생각을 전혀 못 했습니다. 200명 모이면 잘하는 거라 생각했죠. 그저 하나님 은혜라고밖에 표현 못 해요."

의외의 대답이었습니다. 제가 알고 있는 대형 교회 목사님의 모습이 아니었습니다. 조금 성장하면 자기 나름의 교회 성장의 노하우를 전수한다며 광고하는 세상입니다. 그런데 조 목사님은 겸손했습니다.

"저는 숲을 이루는 교회를 생각합니다. 큰 나무만 덩그렇게 서 있는 것보다 크고 작은 나무들이 조화를 이루고 있는 숲이 좋습니다. 새도 있고, 시냇물도 흐르고, 골짜기도 있고, 풀과 꽃도 있는 숲, 얼마나 좋습니까? 임 목사님, 우리 서로 도우며 잘해봅시다."

그날 '숲'이 제 마음에 들어왔습니다. '더불어 큰 숲을 이루는 교회'가 되자는 구호도 그때 이미 마음에 새겼습니다. 교회는 숲입니다. 남녀노소, 빈부귀천, 지위고하를 떠나서 함께 예배하는 아름다운 공동체가 교회입니다. 안디옥 교회 역시 숲과 같은 교회의 좋은 모델이었습니다.

▌ 바나바와 바울

안디옥 교회 초대 담임목사인 바나바는 혼자 일하지 않았습니다. 팀을 이루어 일했습니다. 사도 바울을 비롯해서 다양한 부류의 사람들이 바나바와 더불어 일했습니다. 안디옥 교회에는 다양한 지도자들이 있었습니다. 바나바와 바울뿐 아니라 시므온과 마나엔 등 여러 지도자가 함께 일했습니다.

특별히 바나바는 바울이 다메섹에서 회심한 후 다소에 있던 그를 찾아갔습니다. 그와 함께 일하기 위해서였습니다. 안디옥에서 200킬로미터 떨어진 다소까지 가는 길은 꽤 멀고 험했습니다. 해발 2,000미터의 아마노스Amanos 산을 넘어야만 했습니다. 그러나 바나바는 멀고 험한 길을 마다하지 않았습니다. 바나바는 청년 바울 속에 있는 사도 바울을 보았습니다. 바울을 데리고 와서 안디옥 교회에서 동역했습니다. 두 사람은 1년 간 안디옥 교회에서 성도들을 가르치다가 안수를 받은 후 선교사로 파송됩니다. 사실 바나바와 바울은 공통점보다 차이점이 많았습니다. 바나바는 나이가 많았고 바울은 젊은이였습니다. 둘은 성품도, 기질도 달랐지만 함께 일했습니다. 그러다가 선교 중에 두 사람은 큰 갈등을 겪고 각자의 길로 가게 됩니다.

1차 전도여행을 마치고 2차 전도여행을 계획할 때였습니다. 바나바는 친척인 마가도 함께 데려가고 싶었지만 바울이 반대했습니다. 1차 전도여행 때 마가가 힘들다며 밤빌리아에서 그냥 떠나버린 일이 있었기 때문입니다. 두 사람은 이 일로 몹시 다투었습니다. 결국 바나바는 마가와 함께 배를 타고 구브로로 선교를 떠났고, 바울은 실라와 함께 선교여행을 떠났습니다(행 15:35~41, 골 4:10). 두 사람의 갈등 이야기가 성경에 기록될 정도라면 온 교회가 다 알 정도로 크게 다툰 것입니다.

두 사람 다 훌륭한 사람이었지만 완벽한 인물은 아니었습니다. 우리 모두는 완벽하지 않습니다. 예수 믿는다고 금방 성화될 수 있다면 얼마나 좋을까요? 우리는 누구나 공사 중입니다. 주님 나라 갈 때까지 공사 중일 것입니다. 완벽하지 않지만 하나님 안에서 온전해지기 위하여 십자가 앞에 한 걸음, 한 걸음 더 나아가는 존재가 인간입니다. 우리 모두가 거룩하게 지어져가는 존재임을 깨닫게 되면 동역하는 이들을 좀 더 너그러이 용납할 수 있습니다.

▎누구에게나 차이는 있다

일하다 보면 다투기도 하고 토라지기도 합니다. 화낼 때도 있고, 의 기소침할 때도 있습니다. 누구는 옳고 누구는 옳지 않아서가 아니라 서로 달라서 그렇습니다. 다름은 틀림이 아닙니다. 바울과 바나바는 성격과 기질이 달랐습니다. 바나바는 사람 중심의 스타일이고 바울은 일 중심의 성향이 강했습니다. 바나바는 모성적이며 부드럽고 관용적이었던 반면, 바울은 부성적이며 사랑도 많았지만 동시에 엄한 사람이었습니다.

한 집에 수십 년을 함께 산 부부도 다릅니다. 드라마를 좋아하는 아내, 스포츠를 좋아하는 남편이 함께 삽니다. 쇼핑을 즐기는 아내, 쇼핑보다는 바둑이나 낚시를 좋아하는 남편이 함께 삽니다. 밥 먹기 전에 이 닦는 남편과 밥 먹고 난 후에 이 닦는 아내가 함께 삽니다. 신혼 초에 저 역시도 여느 부부처럼 치약을 가지고 아내와 실랑이를 했습니다. 저는 아래서부터 차곡차곡 짜야 된다고 했고 아내는 중간부터 짜도 된다는 겁니다. 스타일의 차이지 옳고 그름의 문제는 아닙니다.

예수님의 제자들은 다양했습니다. 배운 사람도 있고, 못 배운 사람도 있었습니다. 급한 성격의 소유자도 있고, 행동이 느린 사람도 있었습니다. 재물이 많은 사람도 있었고, 가난한 사람도 있었습니다. 시몬처럼 열심당원이 있었는가 하면, 마태처럼 로마의 앞잡이 역할을 했던 세리도 있었습니다. 예수님은 이렇게 다른 제자들을 모아 하나님 나라 확장을 위해 함께 힘쓰셨습니다.

더불어 큰 숲을 만들기 위해서는 나와 다른 사람을 틀리다고 생각하지 말아야 합니다. 다른 것은 틀린 것이 아닙니다. 차이를 존중할 줄 알아야 함께 일할 수 있습니다. 물론 기준은 있어야 합니다.

우리 기준은 성경이며, 하나님의 뜻입니다. 예수님이라면 어떻게 하셨을까? 생각하는 것입니다.

▎성령 안에서 함께하는 교회

바울과 바나바는 마가 문제로 각자의 길을 떠났지만 원수처럼 지내지는 않았습니다. 시간이 지나고 서로의 관계가 회복되었음을 보여주는 구절들이 많습니다. "나와 함께 갇힌 아리스다고와 바나바의 생질 마가와 (이 마가에 대하여 너희가 명을 받았으매 그가 이르거든 영접하라)"(골 4:10). 마가 역시 이후에는 바울의 유익한 보조자가 되었습니다. 바울도 그를 칭찬했습니다(딤후 4:11). 바울과 바나바는 화해한 뒤 서로를 위한 좋은 동역자로 남았을 것입니다. 부족한 사람도 품어주면 유익한 사람이 됩니다.

그리스도인은 합력하여 선을 이루는 사람들입니다. 혼자서가 아니라 함께 일하는 아름다운 사람입니다. 안디옥 교회에는 참으로 다양한 사람들이 모여 있었지만 그리스도를 중심으로 협력했습니다. 차이점이 있었지만 서로 존중했습니다. 다양성 속에 통일성이 있었습니다. 출신과 기질은 서로 달랐지만 주 예수 그리스도를 믿고 하나님께 영광 돌리는 데에는 힘과 뜻을 같이하였습니다. 사람

들은 서로 다르기 때문에 함께할 수 없다고 말합니다. 하지만 우리는 성령 안에서 하나 될 수 있습니다. 우리는 여전히 공사 중입니다. 성령 안에서 함께 지어져가는 존재입니다(엡 2:22). 벽돌 한 장한 장이 쌓여 아름다운 교회 건물이 세워지듯, 믿음의 터 위에 우리라는 벽돌이 함께할 때 아름답고 튼튼한 건물이 완성될 수 있습니다. 하나님의 나라는 '나라'이기에 혼자 갈 수 없습니다. 함께 가야합니다. 하나님 나라의 원리는 더불어 함께하는 것입니다.

동방의 안디옥을 꿈꾸는 교회는 더불어 일하는 교회입니다. 하나님이 지으신 다채로운 모습들에 감탄하며, 있는 모습 그대로를 인정하고 존중하는 교회입니다. 다양한 지체들이 조화롭게 어우러져 더불어 사랑하며 일하는 교회입니다.

교회는 혼자 크는 큰 나무가 아닙니다. 작은 교회와 함께, 지역과 함께, 민족과 함께, 세계와 함께 크는 아름다운 나무입니다. 우리는 모두 하나님 나라라는 아름드리나무의 가지들입니다. 주님과 손잡고, 서로의 손을 꼭 잡고 아름다운 하나님 나라를 위하여 함께 나아가야 합니다.

거룩한 영향력이 있는 교회 _행 11:27~30, 행 13:2~3

"주를 섬겨 금식할 때에 성령이 이르시되 내가 불러 시키는 일을 위하여 바나바와 사울을 따로 세우라 하시니 이에 금식하며 기도하고 두 사람에게 안수하여 보내니라"_행 13:2~3

▎'믿음의(FAITH) 터' 위에 세워진 교회

하나님 나라를 꿈꾸는 교회들을 그리면 참 행복합니다. 무엇보다 신실한 믿음으로 하나님 나라 확장을 위해 선교했던 안디옥 교회를 살펴보면 많은 은혜와 도전을 받습니다. 이 땅에 세워진 모든 교회들이 동방의 안디옥 교회가 되기를 소망합니다.

첫째, **F**ocus on Gospel_ 안디옥 교회는 복음에 목숨 거는 교회였습니다. 안디옥 교회는 물론이고 대부분의 초대 교회가 복음을 전하는 데 전력했습니다. 복음은 예수 그리스도입니다. 복음에 목숨 거는 교회는 예수가 우리의 구세주란 사실을 전하는 데 집중합니다.

둘째, **A**dmirable leadership_ 안디옥 교회는 탁월한 지도력이 있는 교회였습니다. 안디옥 교회의 초대 담임목사인 바나바는 탁월한 리더십을 갖고 있던 인물입니다.

셋째, **I**mitating Christ_ 안디옥 교회는 예수님의 사람을 기르는 교회였습니다. 예수님의 사람, 예수 그리스도를 본받는 사람을 만들기 위해 교육하며 훈련하는 교회였습니다.

넷째, **T**eamwork with Others_ 안디옥 교회는 더불어 일하는 교회였습니다. 하나님은 더불어 살고 더불어 일하도록 하십니다. 안디옥 교회는 서로 다른 사람들이 모였지만 함께 일했습니다.

그리고 마지막으로 **H**oly Impact_ 안디옥 교회는 거룩한 영향력이 있는 교회였습니다. 하나님이 우리를 그리스도인으로 부르신 데는 이유가 있습니다.

그리스도인으로서 누릴 수 있는 축복을 주시기 위함입니다

가장 근본적인 것은 구원이며 영생입니다. 주님의 영이 함께하며 인도하시는 곳이 바로 천국입니다. 그러므로 구원받은 백성은 이 세상에 사는 동안도 예수님과 함께이며, 그분의 거룩한 영인 성령의 음성에 따라 매 순간 기쁨과 평안을 누릴 수 있습니다.

사명을 주시기 위함입니다

그리스도인은 세상에 빛과 소금이 되어야 할 사명이 있습니다. 예수님은 "너희는 세상의 소금"이요, "세상의 빛"이라고 말씀하셨습니다(마 5:13~14). 교회의 소금과 빛이 아니라 세상의 소금과 빛이라고 하셨습니다. 소금이 맛을 잃으면 아무 소용이 없고, 빛이 세상 사람 앞에서 비치지 않으면 아무 소용이 없듯이, 그리스도인이 소금과 빛으로서의 영향력을 상실하면 아무것도 아닙니다. 교회의 존재 이유는 수와 규모에 있지 않습니다. 선한 영향력을 미쳐야 합니다. 교회가 있어 마을이 좋아지고 범죄가 줄고 사람들의 삶이 선해졌다는 소식들이 전해져야 합니다. 안디옥 교회의 영향력은 구제와 선교 두 가지 모습으로 나타납니다.

▍안디옥 교회의 구제 사역

안디옥 교회의 성장 소식을 듣고 예루살렘교회에서 바나바 및 여러 사람을 파송했습니다. 그중에 아가보라는 선지자가 있었습니다. 그는 성령으로 "천하에 큰 흉년이 들리라"(행 11:28)라고 예언했습니다. 그의 예언대로 로마 글라우디오 황제 때 큰 흉년이 들었습니다. 로마뿐 아니라 예루살렘, 안디옥도 흉년으로 어려움을 겪게 되었습니다.

이때 안디옥 교회는 흉년으로 어려운 중에도 예루살렘 교회를 도왔습니다. 예루살렘 교회가 어머니 교회이고 안디옥 교회는 예루살렘 교회의 지교회였습니다. 그런데 안디옥 교회가 흉년 중에 어머니 교회를 도왔던 것입니다. 구제 헌금과 물자는 물론 도울 수 있는 것은 무엇이든지 도왔습니다 The followers in Antioch decided to send

whatever help they could to the followers in Judea. CEV. 최선을 다해 예루살
렘 교회를 구제했습니다.

또한 안디옥 교회는 성령 충만한 교회였습니다. 지도자들도 성
도들도 성령 충만합니다. 성령 충만한 교회, 성령 충만한 성도는 어
려운 사람을 외면하지 않습니다. 어려운 상황에서도 더 어려운 사
람을 살피며 구제합니다. 성경은 신구약을 막론하고 고아와 과부,
나그네와 같이 어려운 이웃을 구제하라고 말씀합니다(출 22:22, 신
10:18, 24:20, 27:19). "가난한 자를 불쌍히 여기는 것은 여호와께 꾸
어 드리는 것이니 그의 선행을 그에게 갚아 주시리라"(잠 19:17). 가
난한 자를 불쌍히 여긴다는 말은 가난한 자에게 은혜를 베푸는 것
입니다표준새번역. 대가를 바라지 않고 돕는 것을 말합니다. 이것은 하
나님께 꾸어드리는 일이니 그 가치는 말로 표현하기 어렵습니다.

"누구든지 스스로 경건하다 생각하며 자기 혀를 재갈 물리지 아니하고
자기 마음을 속이면 이 사람의 경건은 헛것이라 하나님 아버지 앞에서
정결하고 더러움이 없는 경건은 곧 고아와 과부를 그 환난 중에 돌보고
또 자기를 지켜 세속에 물들지 아니하는 그것이니라."_약 1:26~27

경건한 사람은 먼저 입술로써 어려운 사람들을 돕습니다. 입술
을 절제하고 위로의 말을 건넵니다. 뿐만 아니라 어려운 사람을 직
접 돌봅니다. 신앙생활 잘한다는 것은 기도생활과 예배생활을 잘한
다는 의미에 국한되지 않습니다. 어려운 이웃에 대해 긍휼히 여기
는 마음을 가지고 그들을 실제로 돕는 것이 경건입니다. 말이 아니

라 실행이 중요합니다.

안디옥 교회는 천하가 큰 흉년이 들었을 때 모교회인 예루살렘 교회를 도왔습니다. 교회가 창립된 지 얼마 되지 않아서 형편이 여의치 않았을 것입니다. 큰 흉년이 들어 본인들 처지도 어려웠을 것입니다. 그럼에도 불구하고 도왔습니다. 핑계야 찾으려고만 하면 얼마든지 찾을 수 있습니다. 모든 여건이 갖추어지고 여유 있어야 돕는 것이 아닙니다. 그럼에도 불구하고 돕는 것입니다. 그럼에도 불구하고 구제해야 합니다. 돕고자 하는 마음이 있으면 길은 보입니다.

제자들은 각각, 그 힘대로 구제했습니다. 이것은 성도들 각자가 힘닿는 대로 도왔다는 뜻입니다. 교회도 구제하지만 성도들 각자도 자신이 할 수 있는 만큼 최선을 다해 어려운 이웃을 도와야 합니다.

한국 교회 초창기, 어려운 이웃에게 손을 펴셨던 분이 계십니다. 상동교회 전덕기 목사님입니다. 그는 일제치하에서 백성들을 구제하는 일에 앞장섰던 훌륭한 인물입니다. 전 목사님은 1875년 태어나서 1914년, 만 39세 나이로 돌아가셨습니다. 동갑내기 친구인 김구, 이승만과 함께 젊은 시절 3총사로 나라의 독립을 위해 헌신하기도 하셨습니다. 전 목사님은 어린 시절 부모님을 여의고 숯장사를 하며 가난하게 살았기 때문에 그들의 형편을 누구보다도 잘 알았습니다. 빈곤한 사람을 돕는 일에 전심전력하였습니다. 특히 가난한 이들이 장티푸스로 세상을 떠나면 나막신을 신고 쑥으로 코를 막은 다음 약식 관으로 시신을 옮겨 직접 장례를 치렀습니다. 전 목사님은 독립운동을 하다 고문을 받고 그 후유증으로 39세에 소천

하셨습니다. 목사님의 장례 행렬은 천대받던 백정, 기생, 거지, 남대문 상인들로 5리2킬로미터에 이르렀다고 합니다.

주님께서 재림하실 때에 의인은 영생에, 의롭지 못한 이들은 영벌에 들어가리라고 하셨습니다(마 25:46). 의인은 지극히 작은 자가 배고플 때 먹을 것을 주고, 목마를 때에 마실 것을 주고, 나그네 되었을 때 영접하고, 헐벗었을 때 입혀주고, 병들었을 때 돌봐주고, 옥에 갇혔을 때 와서 본 사람입니다. 악인은 그렇게 하지 않은 사람입니다. 구제는 형편에 따라 하는 선택이 아닙니다. 각각 힘닿는 대로 최선을 다해야 할 사명입니다.

▌안디옥 교회의 선교 사역

안디옥 교회는 예루살렘 교회에 비해 규모가 훨씬 작았습니다. 교인 수도 예루살렘 교회가 훨씬 많았습니다. 명성은 비교할 바가 되지 못했습니다. 하지만 하나님은 안디옥 교회를 영향력 있는 교회로 사용하셨습니다. 안디옥 교회가 세계 선교의 비전을 품었기 때문입니다. 주님이 가장 기뻐하시는 교회는 주님의 마음을 품는 교회입니다. 주님의 마음은 영혼 구원에 있습니다(딤전 2:4). 모든 사람이 구원받길 원하시는 하나님은 아버지의 마음을 품은 교회와 성도들을 사용하십니다. 그들을 축복하고 높이십니다. 하나님은 온 세계에 하나님 나라가 이루어지길 기대하고 계십니다. 이것이 어제나 오늘이나 내일이나 변함없는 하나님의 소원입니다.

사람의 마지막 말은 매우 중요합니다. 복음서에는 예수님이 이 땅에서 마지막으로 하신 지상 명령이 나옵니다.

"그러므로 너희는 가서 모든 민족을 제자로 삼아 아버지와 아들과 성령
의 이름으로 세례를 베풀고 내가 너희에게 분부한 모든 것을 가르쳐 지
키게 하라 볼지어다 내가 세상 끝날까지 너희와 항상 함께 있으리라 하
시니라."_마 28:19~20

"너희는 온 천하에 다니며 만민에게 복음을 전파하라."_막 16:15

"또 그의 이름으로 죄 사함을 받게 하는 회개가 예루살렘에서 시작하여
모든 족속에게 전파될 것이 기록되었으니 너희는 이 모든 일의 증인이
라."_눅 24:47~48

복음서는 물론이고 사도행전에도 "오직 성령이 너희에게 임하시
면 너희가 권능을 받고 예루살렘과 온 유대와 사마리아와 땅 끝까
지 이르러 내 증인이 되리라"(행 1:8)고 했습니다. 예수님의 간절한
소원은 세상에 복음이 전파되고, 모든 사람이 구원받는 것입니다.

▌세계 선교에 비전을 품는 교회

지금 이 시대에도 안디옥 교회처럼 세계 선교의 비전을 품는 교회
와 성도가 영향력이 있습니다. 그래서 한국 교회는 끊임없이 세계
선교의 비전을 가지고 세계로 선교사를 파송하고 있습니다. 하지만
그 이전에 하나님이 원하시는 세계 선교의 비전을 성취하기 위해

교회가 갖추어야 할 모습이 있습니다.

첫째는 하나 됨입니다

안디옥 교회에는 다양한 리더들이 있었습니다(행 13:1). 이 다양한 사람들이 하나가 되었습니다. 교회는 예수 그리스도를 중심으로 하나 되어야 합니다. 목회자와 성도가 하나 되어야 하고 비전이 하나 되어야 합니다. 서로를 배려하는 마음으로 하나 되어야 합니다. 교회가 분열하면 전도도 할 수 없고, 세계 선교는 꿈도 꾸지 못합니다. 하나님의 소원을 이루려면 하나가 되어야 합니다.

둘째는 성령 충만입니다

이렇게 다양한 사람들을 하나 되게 하시는 분은 성령이십니다. 안디옥 교회는 성령의 인도하심에 따라 일했기 때문에 다양한 사람이 하나 될 수 있었습니다. 리더들은 어떤 일을 결정할 때도 함께 기도하고 결정했습니다. 안디옥 교회 리더들이 함께 금식하며 기도할 때 성령의 음성을 듣게 됩니다(행 13:2). 성령 충만한 그들은 하나님이 정하신 일을 위해 바나바와 사울을 따로 세우셨다는 음성을 듣습니다. 선교를 위한 일이었습니다. 그들은 또 금식하며 기도했습니다. 그리고 성령의 음성에 순종하여 바나바와 바울을 안수한 뒤 선교사로 파송했습니다. 제가 섬기는 교회에서도 장로님들과 의논하다 보면 때때로 의견이 일치하지 않을 때가 있습니다. 계속 회의를 해도 의견이 좁혀지지 않을 때, 기도원에 함께 갑니다. 함께 기도하면서 성령 충만을 구합니다. 성령은 하나 되게 하는 분입니다.

하나님의 뜻을 깨닫게 하는 분입니다. 기도원에 오를 때는 갈등의 짐을 지고 올라가지만 내려올 때는 하나가 됩니다.

하나님의 일은 내 생각대로 하는 것이 아닙니다. 성령의 인도하심에 순종해야 합니다. 그리스도인은 성령이 가라시면 가고 멈추라 하시면 멈추어야 합니다. 순종해보면 하나님의 뜻을 깨달을 수 있습니다. 하나님의 명령엔 이유 없는 시간, 이유 없는 장소, 이유 없는 사역이 없습니다. 하나님은 실수가 없는 분입니다. 하나님의 뜻은 기쁨과 보람, 열매를 동반합니다.

셋째는 소원의 일치입니다

안디옥 교회 성도들은 주님의 간절한 소원을 자신의 소원으로 삼았습니다. 우리가 영향력 있는 인물이 되고, 기쁘고 행복한 인생이 되고, 내 자녀가 진정으로 성공하길 원한다면 주님의 소원, 세계 선교의 비전을 품고 나아가야 합니다. 그럴 때 하나님께서 그 비전을 이루어주실 것입니다.

안디옥 교회는 성령의 음성에 따라 바나바와 바울을 선교사로 세운 교회입니다. 자발적으로 최초의 선교사를 파송한 교회입니다. 안디옥 교회는 선교를 통해 세계만방에 거룩한 영향력을 끼쳤습니다. 선교하는 교회는 아름답습니다. 동방의 안디옥을 꿈꾸는 이 땅의 모든 교회는 전 세계를 향해 선교하는 교회가 되어야 합니다.

그리스도인은 세상을 변화시키는 영향력 있는 존재가 되어야 합니다. 그 영향력은 한 손은 어려운 이웃을 구제하는 손으로, 다른 한 손은 복음을 들고 선교하는 손으로 하나님께 쓰임 받읍시다.

다리가 되고 싶은데

두 종류의 인생이 있습니다. 성을 쌓는 인생과 다리가 되는 인생입니다. 성을 쌓는 인생은 자신을 드러내는 인생입니다. 자신의 업적, 공로, 장점을 쌓아올리며 자랑합니다. 많은 사람들이 잘 볼 수 있는 위치에 성을 쌓습니다. 성이 높을수록 사람들은 환호합니다. 그러나 다리가 되는 인생은 자신을 드러내지 않습니다. 오히려 사람에게 밟힙니다. 다리는 겸손합니다. 자신을 희생하여 양 극단을 연결합니다. 서로 소통하게 합니다. 다리가 연결되면 살 희망이 생깁니다.

서로를 연결하여 소통하게 하는 다리, 듣기만 해도 기분이 좋습니다. 저도 다리가 되고 싶었습니다. 예수님처럼 이방인과 유대인을 연결하고, 하늘과 땅을 연결하고, 높고 낮선 세계와 지금 이곳의 세계를 연결하는 다리 말입니다. 다리가 되고 싶었는데 돌아보니 너무 많은 것을 쌓아 올리고 살았습니다. 이 책을 만들고 보니 이마저 성을 쌓는 일은 아닌가 하는 두려운 마음이 듭니다. 성이 아니라 다리였으면 좋겠습니다. 내가 아니라 오직 그분이 드러났으면 좋겠습니다.